AF619779

ANTONELLO MELA

LIBERO DAI DEBITI

Come Liberarsi Finanziariamente dai Debiti

e Risollevare la Propria Condizione Economica

Titolo

"LIBERO DAI DEBITI"

Autore

Antonello Mela

Editore

Bruno Editore

Sito internet

http://www.brunoeditore.it

Tutti i diritti sono riservati a norma di legge. Nessuna parte di questo libro può essere riprodotta con alcun mezzo senza l'autorizzazione scritta dell'Autore e dell'Editore. È espressamente vietato trasmettere ad altri il presente libro, né in formato cartaceo né elettronico, né per denaro né a titolo gratuito. Le strategie riportate in questo libro sono frutto di anni di studi e specializzazioni, quindi non è garantito il raggiungimento dei medesimi risultati di crescita personale o professionale. Il lettore si assume piena responsabilità delle proprie scelte, consapevole dei rischi connessi a qualsiasi forma di esercizio. Il libro ha esclusivamente scopo formativo.

Sommario

Introduzione

Ipotizziamo che il nostro sia un viaggio verso una certa meta. Diciamo che la meta è la cima di una montagna e che tra noi e questa vetta si estendono foreste, fiumi, paludi e ogni sorta di asperità del territorio. Ci sono anche zone pianeggianti dove si può dimorare e prosperare coltivando la terra. Ma la nostra meta è la cima della montagna. Durante questo viaggio abbiamo bisogno di strumenti e cibo. Spesso si usa la figura del "cadere nel baratro" o ritrovarsi "impantanato in una palude" per simboleggiare un vistoso allontanamento dalla nostra meta e un rovinoso trovarsi in una situazione particolarmente pericolosa.

L'immagine è decisamente letteraria e avventurosa, ma terribilmente seria e paurosa. La sensazione di oblio, di paura e terrore di non riuscire a farcela è la stessa. Tra l'altro vi è uno stress emotivo incredibile che però non viene sfogato da un punto di vista ormonale. Il corpo percepisce il pericolo ma non lo vede nella concretezza.

Una cartella esattoriale non ha lo stesso impatto concreto e reale che ne testimonia la pericolosità come cadere e ferirsi o come essere aggredito da un animale feroce, eppure vi è comunque un impatto emotivo che non può essere sottovalutato e i cui effetti, anche da un punto di vista di salute fisica e di freschezza mentale, sono da non sottovalutare, anzi, talvolta sono addirittura dirompenti.

Questo corso è dedicato a chi sente di aver smarrito un po' la strada verso la sua vetta della montagna, per chi si ritrova in gravi condizioni finanziarie e lotta ogni mese per la sopravvivenza. Questo corso è dedicato a chi è sommerso dai debiti e percepisce di essere con l'acqua alla gola e teme di affogare.

Questo corso è dedicato a chi sa di essere finito in un tunnel riguardo al suo lavoro, con una prospettiva che sembra restringersi e diventare sempre più angusta e soffocante. Questo corso è dedicato a chi ha perso la fiducia nelle persone che lo circondano, attraverso scelte e comportamenti sbagliati che lo fanno sentire solo e isolato, quasi emarginato.

Spero che questa lettura sia un primo passo verso l'uscita dal proprio tunnel di debiti o difficoltà economiche e il raggiungimento della nostra cima della montagna.

CAPITOLO 1:

Come comprendere la propria condizione

Partiamo da un dato principale che servirà da base e da riferimento per tutto ciò che diremo: ogni persona è alla guida della propria vita. Immaginiamoci il nostro mondo come un'enorme rete di strade e autostrade che ci propone direzioni e mete. Purtroppo una volta imboccata una certa strada non sempre è possibile invertire immediatamente la rotta e, essendo ogni strada dotata di una certa lunghezza e percorsi obbligati, non è possibile dirigersi esattamente dove si vuole e nel momento in cui lo si vuole. Talvolta bisogna seguire un percorso che ci appare evidentemente sbagliato per un certo tratto, in attesa del corretto svincolo.

Nella vita non decidiamo noi il punto di partenza. Su questo non abbiamo potere. Alcuni di noi partono da posizioni più comode, con abbondanza di stazioni di rifornimento e miriadi di cartelli indicatori, altri invece devono invece sudare sette camicie solo per raggiungere il punto di partenza privilegiato di altri.

SEGRETO n. 1: ogni persona deve rendersi conto di essere alla guida della sua vita mentre vive, così come ogni persona è alla guida della propria auto quando viaggia.

Occorre comprendere che scendere violentemente la china e trovarsi in brutte condizioni finanziarie per nessuno è un evento tanto assurdo o remoto. Un rovescio della vita, una decisione sbagliata, un periodo di profondo turbamento personale, circondarsi delle persone sbagliate, abbandonare i propri sogni ecc., tutto ciò può accadere molto più velocemente di quanto si possa ipotizzare, proprio quando le cose intorno a noi vanno per il verso giusto.

Tutto ciò non può e non deve essere una valida scusa per sentirsi innocenti e non responsabili della propria condizione. Ma se vogliamo farcela, c'è un mito da sfatare e un punto di vista che deve essere abbandonato. Non cambiare questo punto di vista renderebbe inutile la lettura di questo corso. L'idea da abbandonare è: «Io non posso cambiare la mia personale condizione perché non sono sufficientemente abile per influenzare le cose attorno a me».

SEGRETO n. 2: si commette un grave errore quando si pensa che la propria condizione (qualunque essa sia) non possa essere cambiata.

Quindi siamo scivolati lungo la china, sprofondando nel baratro del benessere e dell'autostima fin dentro alla palude dei problemi economici e finanziari. Come possiamo tirarci fuori da questo pasticcio? Il primo passo è quello di comprendere a fondo la nostra condizione personale (in senso generale) e finanziaria (in senso più specifico).

Definiamo cos'è esattamente una *condizione*. Innanzitutto è qualcosa di reale e osservabile nella realtà concreta. Non è un'idea e neppure un giudizio di parte. È qualcosa che esiste e che riguarda i rapporti reciproci fra l'individuo e le persone, i gruppi o le istituzioni cui è collegato per un qualsiasi motivo.

Una condizione è, fondamentalmente, uno *stato operativo*. Uno stato ci indica "come sono disposte le cose e in che relazione sono le une con le altre". Per operativo intendiamo il modo di operare e produrre delle azioni di un individuo, gruppo o struttura.

Ad esempio, una persona che sta per affogare in un fiume può essere simpatica o antipatica, potrebbe saper parlare 7 lingue o nessuna, potrebbe essere ricca o povera, di uno schieramento politico o un altro ecc. Ma il suo stato operativo, in quel dato momento, è univoco: sta per perdere la vita. Ed è quello lo stato in cui si trovano le cose.

Quando ci si trova in una brutta condizione finanziaria, perdersi dietro giudizi morali o emotivi non è proprio di aiuto. In linea generale, ognuno ha le proprie specifiche ragioni che lo hanno condotto (sempre secondo il suo personale punto di vista) a navigare in cattive acque, ma ci sono dei fattori comuni che appartengono a tutti e che, sembrerà strano, sono alla base di tutte le altre cause.

SEGRETO n. 3: il fattore che sta alla base di tutte le difficoltà

finanziarie ed economiche è il non avere previsto un potenziale pericolo o l'avere sottostimato una o più difficoltà.

Cadere in disgrazia o ficcarsi in una pessima condizione è il frutto di una serie di concause (cause plurime e concomitanti), alcune non dipendenti da noi, altre parzialmente (in misura variabile dall'1 al 99%) dipendenti da noi e altre ancora totalmente dipendenti da noi. Lasciamo perdere i fattori non riconducibili a noi: non si possono modificare e, di conseguenza, sono solo una perdita di tempo. Ci interesseremo invece ai fattori che, in tutto o in parte, possono essere messi sotto il nostro controllo.

Scopriremo che il fattore comune a tutti i problemi è che qualcosa in noi era debole o non organizzato. Ovvero: *nel nostro fortino di difesa vi era una zona debole che ha ceduto o non ci ha protetto dinnanzi agli attacchi della vita.* Applicando questa prospettiva ai problemi finanziari, si potrà constatare che questi molto spesso sono gli effetti di una condizione personale e non la causa.

SEGRETO n. 4: la regola generale è che i problemi finanziari

di una persona sono solo il risultato di una certa condizione personale e non il contrario, cioè che essi ne siano la causa.

Ci ritroviamo senza soldi e incolpiamo di questo una lunga lista di persone o strutture. Non troviamo lavoro e la colpa la attribuiamo a una società che non permette l'inserimento nel mondo del lavoro o alle multinazionali che usano le persone tenendole nella precarietà di lavori a tempo determinato senza garantire loro una stabilità del futuro.

Queste sono alcune delle ragioni che comunemente si sentono citare. In parte queste spiegazioni potrebbero avere qualche validità logica e nessuno osa affermare che viviamo in un ambiente economico che facilita alle persone trovare lavoro e guadagnare. Anzi, è sicuramente vero il contrario. Ma, come vedremo meglio in seguito, la condizione dell'"essere senza soldi" è specificamente nostra. È qualcosa che capita a noi.

Quindi dobbiamo capire in che modo ciò possa mai essere accaduto esaminando la nostra sfera di influenza e responsabilità. Occorre effettuare un esame di come, se e quanto siamo preparati ad affrontare le difficoltà del lavoro e delle relazioni interpersonali. Ciò per non considerarsi soltanto vittime inermi del fato.

SEGRETO n. 5: esaminare dove potevamo fare di più e meglio e individuare quali delle nostre scelte sono valide, ci permette di assumere un punto di vista causativo.

Spesso fa comodo (alzi la mano chi non lo ha fatto almeno una volta nella vita) sedersi in un angolo a piangere dando la colpa a qualcun altro. Lo abbiamo sicuramente fatto da bambini, piangendo perché qualche altro bimbo ci ha dato una spinta o non ci ha fatto giocare con lui.

Forse lo abbiamo fatto anche da grandi, lamentandoci di qualcuno che ci ha fatto un torto. E per quanto probabilmente eravamo dalla parte della ragione e la colpa era di qualcun altro, il vero motivo per cui ci stavamo lamentando in quel modo era per attirare la compassione di qualcuno e per affermare che noi non avevamo nessuna responsabilità ma eravamo solo delle vittime. Affrontare la vita da un punto di vista vittimistico significa pensare di essere solo un *effetto* nella dinamica del movimento. Da una parte ci sono persone che agiscono come *causa* e, dall'altra, persone che preferiscono operare come *effetto*. Quindi nessuna causatività. Le cose semplicemente accadono, ed è colpa di qualcun altro.

Ciò si inserisce in un complesso meccanismo mentale che ha a che fare con l'avere ragione o torto. È abbastanza naturale voler essere dalla parte della ragione. Ma nella vita a volte si è dalla parte della ragione e a volte non lo si è. Tuttavia, se non definiamo cosa significa essere dalla parte della ragione, non avremmo mai un criterio oggettivo con cui stabilire se lo siamo o no. Esiste tale criterio? Sì, esiste! Ed è terribilmente semplice. Si è dalla parte della ragione quando la nostra condizione operativa è alta e le cose ci vanno bene nei vari campi in cui operiamo.

SEGRETO n. 6: si può stabilire il grado di ragione insito in una condizione personale basandosi su quanto bene le cose vadano all'interno dell'area esaminata.

Avere ragione è qualcosa che si colloca nel campo del *fare* e dell'*azione*, piuttosto che nel vago e nebuloso campo della dialettica o della filosofia.

Una persona cui le cose vanno bene, che svolge un lavoro soddisfacente e degnamente retribuito, che ha buone amicizie o una famiglia che l'appoggia, che si può permettere le cose che desidera, che si ritiene realizzata, che non vive con il terrore che qualche forza di polizia o qualche ente governativo scopra i suoi segreti o i suoi loschi traffici, è sicuramente una persona che ha avuto più ragione che torto nelle sue scelte e decisioni.

Piuttosto colpisce quanto facilmente un individuo spesso ignori il contesto pratico e oggettivo dell'avere ragione e preferisca dedicarsi in modo più ampio a cercare di ottenere la ragione solo in termini verbali o concettuali. Al punto che si dissocia (diciamo così) dalla sua realtà e si inventa un mondo fatto a suo uso e consumo, in cui egli ha ragione solo in virtù di continue e fantasiose giustificazioni che, però, hanno ben poca attinenza con la realtà.

SEGRETO n. 7: un individuo potrebbe dissociarsi a tal punto dalla realtà da non riuscire più a valutare la propria effettiva

ragione nelle scelte e nelle azioni che ha compiuto.

L'individuo passa il tempo a plasmare la realtà delle cose in base ai suoi punti di vista anziché adeguare i suoi punti di vista alla realtà che lo circonda. Se qualche volta avete cercato di comprendere perché certe persone hanno la capacità di chiudere gli occhi dinnanzi a fatti chiari come il sole, sappiate che ciò dipende da un meccanismo mentale che si è deteriorato al punto da voler avere ragione a tutti i costi a prescindere dalla realtà.

Ora, non importa quanto grave e profondo possa essere il problema che vi attanaglia. Questo non è importante. Quando si ha un problema o si affronta una condizione avversa, ciò che si vuole è uscirne. Il nostro intento è mettere nero su bianco anni di esperienza nel campo della consulenza e del *financial coaching*, fatto di consigli, consulenze approfondite o interi programmi di soluzione. Su persone e aziende reali.

Naturalmente è possibile raggiungere buoni risultati **solo se** ci si mettono *impegno* e *determinazione* e **solo se** si hanno le giuste strategie. La nostra esperienza ci ha dato modo di osservare alcuni fattori comuni alle difficoltà finanziarie e a quelle personali. Quasi come se le due componenti fossero in realtà le due facce di una stessa medaglia. Quando un individuo comincia a vedersi mancare le risorse per la propria sopravvivenza, molti aspetti della sua vita personale possono rimanere ancor più in uno stato di potenziale deterioramento.

Avere denaro consente all'individuo di occuparsi con successo delle sue esigenze e di quelle di coloro che lo circondano. Il denaro e le proprietà non sono un indicatore diretto della facilità con cui una situazione può essere risolta, ma sicuramente indicano a quali e quante risorse possiamo ricorrere per ottenere ciò che vogliamo o per far andare le cose nel modo in cui vorremmo.

Ricordiamo che avere denaro non equivale a essere felici. La felicità è uno stato dinamico che è legato alla componente dell'azione. Si è felici quando ci si dirige verso una meta desiderata e si compiono azioni vincenti in quella direzione.

SEGRETO n. 8: per essere felici occorre porsi una meta e

lavorare intensamente per conseguirla, compiendo azioni vincenti in quella direzione e superando gli ostacoli che si incontrano sul cammino.

In queste pagine parleremo molto dei problemi relativi alla personale condizione finanziaria. Parleremo di mancanza di lavoro, di difficoltà a mandare avanti la propria attività o delle difficoltà nel reperire finanziamenti. Lo faremo perché riteniamo la questione attualmente al centro dell'attenzione di questo nostro modo di vivere.

Naturalmente, nella vita ci sono anche fattori che esulano da un contesto prettamente economico o finanziario e che possono essere concomitanti alle difficoltà che un individuo può avere nel lavoro o con il denaro. Un improvviso trauma fisico o emotivo (quali possono essere un incidente, una malattia, una perdita o un tradimento) spesso segnano la vita di una persona al punto da portare problemi anche sul lavoro o sui guadagni. Accenniamo alla cosa solo per ricordare che non sempre un approccio strettamente contabile alla sistemazione dei problemi finanziari di qualcuno è sufficiente per aiutarlo a uscire dalla condizione in cui è, malauguratamente, finito.

Cominciamo ora a elencare e spiegare dei concetti e degli elementi di base che ci saranno utili in seguito:

- **Denaro**. Il denaro è solo un simbolo che rappresenta qualcosa ovvero un lavoro effettuato o una risorsa ottenuta. Il denaro è il simbolo dell'energia economica che circola in un sistema di produzione.
- **Lavoro**. Attività umana volta allo scopo di ottenere un prodotto o effettuare un servizio che verrà scambiato con qualcun altro in cambio di un compenso sotto forma di denaro.
- **Condizione**. Situazione operativa di un individuo o di un'azienda in un momento specifico. Come sono messe le cose, come sono sistemate le cose della persona. Una condizione può essere più o meno buona e si sale e si scende attraverso un certo numero di condizioni dalla più bassa alla più alta.
- **Finanziamento**. L'ottenimento di denaro da qualcuno per la realizzazione di un qualcosa che ci ponga in una condizione operativa superiore.
- **Prestito**. L'ottenimento di denaro da qualcuno senza che

questo migliori la condizione operativa dell'individuo o dell'azienda.

- **Investimento**. L'acquisto di beni o servizi che comportano un aumento di produzione o un aumento di condizione operativa.
- **Costo**. L'acquisto di beni o servizi che sono necessari alla produzione o all'attività.
- **Spesa**. L'acquisto di beni o servizi che non sono necessari alla produzione o all'attività ma che vengono effettuati per puro piacere.
- **Entrate**. Un flusso di denaro che fluisce dall'esterno verso un individuo o azienda. Deriva dallo scambio, da un finanziamento, da un prestito o da un regalo.
- **Guadagno**. Una quantità di denaro che rimane all'individuo o all'azienda dopo che si sono coperti i costi.
- **Abbondanza**. Una quantità di qualcosa ben oltre la necessità minima. Un indicatore di buona sopravvivenza.
- **Promuovere**. Dar vita e far fluire qualcosa verso l'esterno.
- **Problema**. Una situazione di indecisione e preoccupazione relativa a un conflitto o a un'opposizione; come qualcosa di non ottimale e viene vissuto dalla mente di qualcuno.
- **Cattiva condizione**. Una situazione operativa oggettivamente

contraria alla felicità o alla prosperità di un individuo o di un'azienda.

- **Soluzione**. L'isolamento del fattore che sta causando il problema e la sua rimozione o trattamento. *Anche*: l'adozione di una/più azioni che contrastano le cause di una cattiva condizione.
- **Responsabilità**. Il riconoscere che si ha il dovere di far andare bene le cose in un certo ambito e, anche, l'accettare che siamo stati coloro i quali hanno causato o con-causato (causato insieme ad altri) qualcosa.
- **Colpa**. Sentire disagio e vergogna per essere stati causa di qualcosa che abbiamo scoperto essere dannoso.
- **Fallimento**. Smettere di lavorare in direzione di una certa meta. Il fallimento è sempre una decisione del soggetto.

Abbiamo definito queste parole cercando di mettere l'accenno sul fattore dinamico e pratico delle definizioni, perché definire un concetto solo in termini statici non è molto utile. Ad esempio il concetto di "promozione", definito come qualcosa che si fa fluire verso l'esterno, ci aiuta a comprendere che quando non ci sono entrate (un flusso di guadagno dall'esterno verso di noi) ciò su cui prontamente possiamo intervenire è il fattore precedente, ovvero il flusso in uscita. Infatti, se vogliamo avere qualcosa che viene verso di noi, occorre in primo luogo emettere qualcosa verso l'esterno. E tanto più efficace e pertinente è ciò che promuoviamo (pro-muovere viene dal latino e significa *muovere innanzi*) tanto più efficace sarà ciò che otteniamo in risposta.

Continuando nell'intento di comprendere la nostra situazione, avremo quindi alcune cose su cui porre immediatamente l'attenzione. Questi appunti, che ora metteremo in modo rapido su di un quaderno, un block notes o un computer, sono solo i primi concetti su cui ritorneremo nei prossimi capitoli.

Rapporto entrate/uscite

Quali sono le nostre entrate? Quali sono le nostre uscite? Ancora più in profondità: le nostre entrate da dove provengono? Da quali fonti? E in cambio di quali prodotti o lavori svolti da noi o dalla nostra organizzazione? Scriviamo ognuna di queste cose. Il mettere nero su bianco trasferisce i dati dalla nostra mente (dove alloggiano in modo confuso e continuamente in movimento) al mondo esterno, in modo da poter esaminare le cose *osservandole* anziché *pensandoci.*

SEGRETO n. 9: quando conserviamo dati e pensieri solo a livello mentale, queste informazioni non sempre riescono a mettersi in relazione le une con le altre. È necessario mettere per iscritto (o su un computer) tutti i dati della nostra mente in modo da poterli osservare dall'esterno.

Una persona si può definire in difficoltà o insolvente quando le sue entrate sono inferiori alle uscite. Abbiamo messo nero su bianco le nostre uscite? Probabilmente non lo abbiamo mai fatto in tutta la nostra vita. Sono moltissime le aziende che non lo fanno. Sembra incredibile, ma anche per aziende che spendono migliaia di euro all'anno in contabilità e assistenza fiscale spesso non esiste un piano delle entrate e delle uscite. O, se esiste, è incompleto e non funzionale.

Anche perché la gestione della contabilità secondo le normative vigenti ha scopi differenti e per lo più indirizzati alla gestione fiscale delle entrate. Quindi abbiamo l'imprenditore che tiene la contabilità della sua azienda, ma la tiene per lo Stato e non per usarla lui stesso. Oppure dimentica che anche lui come singolo individuo deve avere una gestione finanziaria delle entrate e delle uscite.

RIEPILOGO DEL CAPITOLO 1:

- SEGRETO n. 1: ogni persona deve rendersi conto di essere alla guida della sua vita mentre vive, così come ogni persona è alla guida della propria auto quando viaggia.
- SEGRETO n. 2: si commette un grave errore quando si pensa che la propria condizione (qualunque essa sia) non possa essere cambiata.
- SEGRETO n. 3: il fattore che sta alla base di tutte le difficoltà finanziarie ed economiche è il non avere previsto un potenziale pericolo o l'avere sottostimato una o più difficoltà.
- SEGRETO n. 4: la regola generale è che i problemi finanziari di una persona sono solo il risultato di una certa condizione personale e non il contrario, cioè che essi ne siano la causa.
- SEGRETO n. 5: esaminare dove potevamo fare di più e meglio e individuare quali delle nostre scelte sono valide, ci permette di assumere un punto di vista causativo.
- SEGRETO n. 6: si può stabilire il grado di ragione insito in una condizione personale basandosi su quanto bene le cose vadano all'interno dell'area esaminata.
- SEGRETO n. 7: un individuo potrebbe dissociarsi a tal punto

dalla realtà da non riuscire più a valutare la propria effettiva ragione nelle scelte e nelle azioni che ha compiuto.

- SEGRETO n. 8: per essere felici occorre porsi una meta e lavorare intensamente per conseguirla, compiendo azioni vincenti in quella direzione e superando gli ostacoli che si incontrano sul cammino.
- SEGRETO n. 9: quando conserviamo dati e pensieri solo a livello mentale, queste informazioni non sempre riescono a mettersi in relazione le une con le altre. È necessario mettere per iscritto (o su un computer) tutti i dati della nostra mente in modo da poterli osservare dall'esterno.

CAPITOLO 2:
Come riorganizzare la propria mappa mentale

Per chi ha avuto esperienza diretta di trovarsi in una brutta situazione finanziaria non c'è bisogno di entrare nei dettagli di quali difficoltà si possano incontrare. Quando le uscite sono superiori alle entrate e non si riesce a comprimerle per riportare la situazione in equilibrio, si crea una sorta di emorragia che deve essere fermata il prima possibile. Spesso queste perdite vengono tamponate con un intervento d'urgenza e tale intervento è la richiesta di un'entrata straordinaria e non dipendente dalla propria produzione.

Questa entrata straordinaria viene chiamata *prestito*. Se il prestito viene richiesto a una banca o a una finanziaria ciò crea automaticamente due nuove uscite. Una prima rappresentata dal rimborso parziale del prestito e una seconda, che è in realtà un nuovo costo, rappresentata dal pagamento degli interessi sul prestito.

Ma un intervento straordinario deve essere inteso come tale: straordinario, appunto. Vale a dire che è una cosa che non fa parte della normale operatività. Quando si deve ricorrere di continuo a entrate sotto forma di prestito (in qualunque forma tale prestito avvenga), si palesa una situazione di fondo non funzionale e non ottimale.

SEGRETO n. 10: il ricorrere a entrate finanziarie dovute a prestiti (in qualunque forma e da qualunque fonte provengano) mostra chiaramente un problema organizzativo e finanziario che deve essere prontamente corretto.

La trasformazione del prestito in una soluzione per ottenere ulteriore liquidità con cui far fronte alle normali uscite spesso porta chi contrae il prestito in una situazione di difficoltà maggiore a causa dell'aumento delle uscite generali dovuto all'aggiungersi dei nuovi costi di restituzione del prestito.

Naturalmente qui non parliamo di chi ottiene dei soldi in prestito per effettuare un investimento, di qualunque natura esso sia. Questa è un'altra situazione che nulla ha a che spartire con quanto descritto finora. Quando non si arriva a fine mese, oppure quando si deve ricorrere ai prestiti per pagare le spese correnti, si è già in una situazione di difficoltà, che spesso degenera ulteriormente. La persona non riesce più a far fronte ai suoi impegni (uscite) mensili. Le rate dei prestiti in corso non vengono onorate e tali prestiti vanno in "sofferenza", ovvero chi li ha erogati comincia un lavoro di recupero completo del prestito essendo consapevole che solo con un intervento immediato può rientrare in possesso di quanto dovuto.

Questa situazione di *prestiti in sofferenza* comporta un nuovo fenomeno che tende a sovraccaricare emotivamente l'individuo. Fino a questo momento, la persona poteva avere il peso delle normali uscite: il che è di per sé un peso emotivo non indifferente. Nel momento in cui non si riescono più a rimborsare le rate dei propri prestiti si diviene oggetto di pressioni di notevole entità da parte di particolari uffici o aziende di recupero del credito.

L'individuo viene chiamato, viene sgridato e spesso sottoposto a minacce, velate o esplicite che esse siano. Non solo: proprio in questa situazione alla persona viene negato un ulteriore accesso al credito rendendole impossibile ottenere ulteriore denaro dal sistema delle banche e delle finanziarie. Si tratta di un provvedimento che senza dubbio ha un fondamento logico, ma nella consuetudine della nostra Italia contemporanea, è un meccanismo che ha numerosi paradossi.

Ovvero: persone che si trovano evidentemente in una situazione non florida vengono finanziate per il solo fatto di non essere mai state segnalate come cattivi pagatori mentre persone che in realtà hanno entrate sufficienti e grande movimento di denaro non vengono finanziate magari per un semplice ritardo nel pagamento di una rata minima.

In ogni caso, a prescindere dal motivo per cui ci si è trovati in difficoltà, a prescindere dal fatto di aver perso il lavoro, o di avere emesso delle fatture che non sono state pagate, dal fatto che il mercato internazionale opera una concorrenza impossibile da reggere, quando ci si trova in una situazione di difficoltà non possiamo non assumerci la responsabilità di mettere a posto le cose. *Quando si ha a che fare con un individuo, l'argomento più difficile da affrontare è quello della responsabilità.*

SEGRETO n. 11: nella risoluzione di un problema, il fattore principale è la presa di coscienza della propria parte di responsabilità.

Per quanto questa parola – e i concetti che ne discendono – sia usata (e abusata) in quantità nella filosofia, nella politica o nella vita di tutti i giorni, spesso non si ha la minima idea di quanto il concetto di responsabilità possa essere frainteso.

Per frainteso intendiamo solamente un qualcosa che non ha una definizione chiara, nitida, indiscutibile e ampiamente condivisa. La parola "bicchiere" è un insieme di segni grafici o suoni ampiamente condivisi tra le persone. Non vi sono fraintendimenti. Il contrario avviene per i temi relativi alla responsabilità e alla ricerca di *chi* ha fatto *cosa*.

Responsabilità non significa solamente "consapevolezza dei nostri doveri e dei nostri compiti". Più estesamente possiamo identificare la parola responsabilità con la determinazione della causa di un qualcosa e la determinazione delle conseguenze delle nostre azioni e comportamenti.

SEGRETO n. 12: la responsabilità è la determinazione della causa di qualcosa e la determinazione delle conseguenze delle nostre azioni e comportamenti.

Responsabilità ha anche a che fare con: «Adesso chi sistema le cose, dopo che il bicchiere è caduto e si è rotto?» Nella vita le cose accadono per una moltitudine di cause o, meglio, di concause (cause multiple collegate). Qualcosa è successa perché prima ne è successa un'altra e prima ancora un'altra e così via. Dire, in modo netto e deciso, di chi sia la responsabilità è difficile e spesso grossolano. Se una piccola attività commerciale fallisce o si indebita enormemente quali sono le cause? E di chi è la colpa?

Ovviamente non è possibile elencare tutte le motivazioni, le decisioni e le azioni che, una dopo l'altra, hanno condotto al disastro finanziario. Innanzitutto ci possono essere stati molteplici fattori esterni non previsti che hanno sicuramente influito. Il comportamento "naturale" degli individui è trovare qualcuno o qualcosa cui attribuire la colpa. Ciò ci leva il peso di dover accettare l'evidente realtà che qualche errore (o più di uno) lo possiamo aver commesso anche noi.

Per questo motivo definiremo meglio anche il concetto di *giusto/sbagliato*. Si osserva frequentemente che, se in una scena c'è un responsabile (potremmo anche dire *colpevole*), questo toglie la responsabilità a ogni altro attore presente. In pratica, per fare un esempio, se la colpa è della moglie, il marito è immune da ogni responsabilità o viceversa.

Così la dimostrazione che l'altro è colpevole (*responsabile*) ci permette di sentirci liberi e sollevati da ogni attribuzione di responsabilità. Se, litigando, Tizio riesce a dimostrare a Caio che è lui ad avere sbagliato, ne consegue (per definizione automatica) che Tizio non ha fatto *niente*.

Questo presupposto, però, non funziona ed è anche illogico. Innanzitutto la logica a due valori (bianco/nero o giusto/sbagliato) deve essere sostituita da una logica multi-valore fatta di infiniti valori da cui consegue che le cose non sono solamente "bianche" o solamente "nere". La realtà mostra un passaggio progressivo da un opposto all'altro in cui le cose si miscelano secondo criteri percentuali.

SEGRETO n. 13: il modo migliore per affrontare la realtà è fare uso della logica "multi-valore" in cui le cose non sono solo bianche o solo nere, ma in cui esiste un passaggio graduale da qualcosa che è un po' giusto (sbagliato) a qualcosa che è un po' meno giusto (sbagliato).

Per esemplificare: le responsabilità di un litigio, di un disaccordo o di un errore non stanno solo da una parte, ma vi è un *mix* di responsabilità che non necessariamente devono essere suddivise in parti uguali. Può accadere (e sovente accade) che qualcuno abbia, di una certa situazione, solo il 20% di responsabilità mentre l'altra parte ne ha l'80%, o altre infinite combinazioni di responsabilità condivisa.

Cercare di dimostrare a qualcuno che siamo innocenti al 100%, quasi puramente vittime totali e indifese di qualcosa che è accaduto, solo perché stiamo elencando con dovizia di particolari e fermezza di convinzione le sue colpe o errori non è eticamente né logicamente giusto ma, soprattutto, non è qualcosa che ci aiuta a sistemare le cose.

Esaminando questo ultimo punto veniamo, infine, al nocciolo della questione e definiamo con completezza il concetto di responsabilità. La **responsabilità** è la *determinazione e l'accettazione delle cause di un'area o di un evento e la determinazione e l'accettazione delle conseguenze che accadranno in quell'area o dopo quell'evento.*

Inoltre, per quanto si tenda a usare il termine responsabilità sempre e soltanto riferito a cose negative, occorre precisare che ciò è una forzatura. Essere responsabili significa semplicemente capire cos'è successo, chi ha contribuito a causare le cose e capire chi si prenderà oneri e onori di quanto fatto. Ne consegue che questo modo di procedere vale anche per ciò che di positivo vi può essere in un avvenimento.

Ora, è evidente che nessun individuo è totalmente capace di causare tutto quello che gli accade. Esistono gradi di *con-cause.* Quello che ci preme è vedere come ogni individuo dovrebbe occuparsi della sua parte di responsabilità. E si può scoprire che in ogni situazione (ripetiamo: in ogni situazione) ciascuno può identificare la sua propria parte di responsabilità. Anche quando sembra che costui proprio non c'entri niente e non abbia fatto niente.

SEGRETO n. 14: in un accadimento o situazione occorre capire cos'è successo, chi ha contribuito a causare le cose e chi si prenderà oneri e onori di quanto fatto. Questo porta a scoprire come identificare la propria parte di responsabilità.

Entriamo quindi ora nell'aspetto pratico di questo concetto. E parliamo di un particolare modo in cui le persone sono responsabili delle loro brutte condizioni e che spessissimo non vedono, ovvero le *non scelte.*

Alcuni (alcuni, non certo tutti!) riescono a prendersi la responsabilità delle proprie scelte e decisioni in un qualche momento del loro passato. Dicono: «Sì, è vero, sono finito in una situazione problematica perché in quel momento ho preso quella particolare decisione che si è rivelata sbagliata». Questo è già un passo avanti. Ma per completare l'assunzione di responsabilità ci dovrebbe essere anche l'esame delle non scelte, ovvero l'esame delle azioni non commesse. La presa di coscienza delle responsabilità va indirizzata verso ciò che si è deciso e fatto ma anche, e soprattutto, verso ciò che non si è deciso e/o non si è fatto quando invece sarebbe stato necessario farlo.

SEGRETO n. 15: una completa assunzione di responsabilità (e la conseguente comprensione delle cause di una certa situazione) si ottiene quando, oltre a quello delle proprie azioni e decisioni, si effettua un esame delle non scelte e delle azioni non commesse.

Esempio: il proprietario di un appartamento al piano terra legge sul giornale che nella sua città il numero di furti presso le abitazioni è statisticamente in rapido aumento e che bande criminali non ancora identificate scorrazzano indisturbate. Tale proprietario ha adesso (dopo questa informazione) il dovere di prendere i provvedimenti opportuni per minimizzare o eliminare i rischi della cosa. Può portare via eventuali beni preziosi, può sottoscrivere un'assicurazione contro il furto e può installare adeguati sistemi di sicurezza. Potrebbe farlo, però non si decide e non lo fa. Qualche giorno dopo viene derubato. Di chi è la responsabilità?

Se usiamo il poco pratico sistema a due valori bianco/nero, l'ovvia colpa del fatto è dei ladri. Forse anche della polizia che non li cattura o di qualche organismo pubblico che non opera affinché le leggi vengano fatte osservare. Ma questo metodo è *passivo* e non ci permette di vedere le cose nella giusta prospettiva.

La giusta prospettiva è che ci sono molte responsabilità. Sicuramente quella maggiore e principale è dei ladri, perché hanno causato direttamente l'azione. Poi ci sono anche diverse responsabilità degli enti amministrativi e degli organismi di sicurezza pubblici. Ma ciò che ci interessa, visto che ci stiamo occupando del proprietario, sono le responsabilità di quest'ultimo. Non ha agito come il buon senso suggeriva. Non ha aumentato le proprie difese personali e il pericolo potenziale lo ha colpito.

La prova dinamica di questi concetti è che, sebbene la responsabilità percentuale del proprietario nell'avere subito un furto possa essere stimata in un misero 30% della situazione, se egli avesse (ad esempio) sottoscritto un'assicurazione contro il furto o avesse rinforzato i sistemi di difesa anti-intrusione del suo appartamento, non avrebbe dovuto subire le conseguenze negative del furto. Quindi il suo (stimato) 30% di responsabilità poteva influire sull'entità del danno in misura enorme. Quasi totale.

L'ambiente presenta i suoi pericoli. Non sempre sono così estremi come l'atto criminale di ricevere un furto. Ma l'ambiente nasconde pericoli o fattori contrari alla sopravvivenza. Per un'azienda, un improvviso aumento della tassazione è comunque un vettore contrario alla sua sopravvivenza. Se si affrontano i meccanismi del lavoro e dell'imprenditorialità in questo modo (vettori pro-sopravvivenza e vettori contro-sopravvivenza), si avrà in mano un sistema veramente efficace per aumentare la propria forza.

Assumersi la responsabilità dei propri errori non significa "colpevolizzarsi". Anzi, ciò è deleterio, perché di fatto significa ci vergognarsi e dispiacersi di aver causato qualcosa. Spesso il colpevolizzarsi non è altro che una manifestazione emotiva dolorosa che porta a un'invalidazione del valore di un individuo e che, comunque, non comporta l'accettazione della responsabilità. Quante persone si dichiarano colpevoli senza accettare di rimediare ai danni causati? Rimediare ai danni è la prima manifestazione dell'assunzione di responsabilità. E rimediare a qualcosa può essere fatto senza alcun appesantimento emotivo, che non è proprio necessario. Anzi è il più delle volte anche completamente controproducente.

SEGRETO n. 16: sentirsi colpevoli per azioni commesse o problemi è una pratica estremamente dannosa perché è un sottile modo di "svincolarsi" dall'assunzione di responsabilità sulla cosa.

Per essere ancora più precisi: non di rado accade che, quando qualcuno chiede scusa per qualcosa che ha fatto e si dichiara colpevole, alla fine si comporti invece in modo totalmente irresponsabile. Lo era prima di compiere ciò che ha fatto di sbagliato e lo è ancora di più dopo. Non è un caso che il colpevole troverà un sacco di scuse e giustificazioni per quello che ha fatto, spesso proprio mentre lacrima e si dispera.

Tutto questo discorso serve a capire come si può cambiare la propria mappa mentale. Uscire dal fango è principalmente una cosa personale che, prima di ogni altro luogo, deve avvenire nella nostra mente. Il braccio si muove e prende un oggetto solamente dopo che nella mente si è formato il pensiero di prendere quell'oggetto. Gli uomini non sono automi né robot pre-programmati, per quanto ci siano situazioni in cui sembrano esserlo. Ma non ci dobbiamo ingannare: il pensiero esiste e viene prima dell'azione.

Quindi, se vogliamo compiere delle azioni che risultino giuste, positive e utili per noi, prima di tutto dobbiamo modificare i nostri pensieri. Senza necessità di diventare mistici o religiosi: tutto ciò non c'entra. In verità, modificare il proprio pensiero è spesso molto semplice e immediato. Uno comprende qualcosa e muta idea o pensiero. Se non succede, forse qualche aspetto del problema non è chiaro o vi è una confusione a riguardo. Occorre sicuramente lavorarci, ma cambiare punto di vista sulle cose è sempre fattibile.

SEGRETO n. 17: il pensiero di fare qualcosa viene sempre prima dell'azione stessa. Tirarsi fuori da una cattiva condizione finanziaria è qualcosa che avviene prima nella

nostra mente, con un mutamento di punto del vista rispetto al mondo reale.

È ovvio che dentro di noi ci siano ragionamenti profondamente abbarbicati ai nostri pensieri da anni o da decenni. Alcuni di questi ragionamenti sono stati acquisiti in un momento di confusione e non intendiamo sbarazzarcene per paura che la confusione (ora sopita) salti nuovamente fuori e ci devasti. Alcuni di questi ragionamenti sono stati clonati dai pensieri di qualcuno a noi caro o da qualcuno che volevamo emulare. Abbandonare questi ragionamenti ci apparirebbe un torto nei confronti di colui a cui ci siamo ispirati.

Nella nostra attività di *financial coach* abbiamo riscontrato un numero elevato di idee strambe provenienti da persone non più presenti nella vita di un individuo. Idee strambe perché non pertinenti alla situazione in cui l'individuo vive. Non è vero che "ciò che ha funzionato per mio padre funzionerà per me". Non necessariamente. A volte l'ambiente cambia tanto radicalmente che ciò che era vero nella generazione precedente ora non lo è più.

La ricerca del "posto fisso", così come lo concepivano i nostri nonni e i nostri genitori, non è più coerente con il mondo di oggi. Ci vorrebbe del tempo per stabilire se le cose fossero migliori qualche decennio fa, oppure se lo siano oggi. Il fatto nudo e crudo è che il panorama lavorativo odierno corre su binari molto diversi rispetto al passato e, dunque, necessita di strategie ben diverse.

Quindi, se ci siamo trovati in una situazione di carenza di denaro (ma vale anche per qualsiasi altro naufragio in cui possiamo esserci imbattuti), per quanto ci possano essere (e ci saranno sicuramente) delle cause esterne a noi, dobbiamo esaminare quali fattori sono mancati nel buon funzionamento della nostra vita e della nostra attività lavorativa.

- Quali scelte sbagliate sono state fatte?
- Quali scelte giuste non sono state fatte?

Solo esaminando la nostra vita e la nostra situazione da questo nuovo punto di vista potremo trovare una via d'uscita dalla condizione in cui ci siamo cacciati. Abbiamo un esempio per voi, che usiamo spesso nella nostra attività di coaching.

Immaginiamoci una casa in cui ci siano delle infiltrazioni nel tetto e in cui piova dentro. La responsabilità di questa situazione è ovvia. Se chiedessimo a una platea: «Qual è la causa di questo allagamento e di chi ne è la responsabilità?» praticamente tutti risponderebbero: «Del padrone di casa e del fatto che non ha aggiustato il tetto prima che arrivassero le piogge!» Giusto? Giusto!

Ma allora perché quando le imprese fanno acqua e si ritrovano allagate, quando le imprese e gli individui non stanno guadagnando abbastanza, quando i clienti vengono a mancare e le cose vanno male, la colpa è di una cosa chiamata *crisi*? Ovvero non del soggetto di cui stiamo parlando ma di fattori esterni?

Sarebbe come se, nell'esempio della casa con il tetto che ha le infiltrazioni, dicessimo che la casa si è allagata perché piove! La crisi (pur considerando la vastità e la complessità di questo termine) è un fattore esterno. Il mercato può attraversare momenti di maggiore o minore prosperità. È innegabile. Sono fattori esterni. Ma se le aziende sono deboli o hanno infiltrazioni, come possiamo meravigliarci se con la crisi vengono messe al tappeto?

Il mondo odierno sta cambiando con estrema velocità e molti individui e aziende si sono ormai adattati fin troppo a una situazione che non esiste più. Lo hanno fatto pensando che l'ambiente non sarebbe mai mutato. Si sono fossilizzati in una situazione che ora non li mette al riparo dalla concorrenza di altri mercati in rapida crescita. Ovviamente le responsabilità non sono solo individuali. Ci sono enormi responsabilità da parte delle amministrazioni e dei leader politici ed economici della nazione. Enormi responsabilità. Ma il discorso cambia di poco.

Facciamo un altro esempio. Abbiamo un piccolo centro turistico ben isolato che riceve, ogni anno, un tot di presenze, che sono in costante aumento nel corso degli anni. Questo continuo aumento di presenze comporta un proliferare di ristoranti, alberghi, bar e ogni tipo di attività di ricezione turistica. Limitiamo ora, per comodità, la nostra analisi ai soli ristoranti.

Ogni anno nuovi ristoranti aprono i battenti. Questo aumenta la concorrenza reciproca ma non necessariamente la qualità del servizio e delle prestazioni. Il continuo, seppure non costante, aumento di presenze non obbliga i ristoranti a migliorare il loro servizio. La presenza di nuovi turisti permette anche ai ristoranti più inefficienti o di qualità inferiore di tirare avanti. Di certo non faranno moltissimi affari, ma raggiungeranno quel minimo di produzione che consente loro di ottenere dei pur esigui margini di guadagno. E laddove le presenze non bastano a raggiungere i minimi livelli di ricavo, c'è sempre la possibilità di aumentare i prezzi in modo da guadagnare di più, nonostante le presenze siano in numero non eccelso.

Diciamo che, in un modo o nell'altro, questo sistema raggiunge una certa situazione di equilibrio. Anche i ristoranti che non guadagnano operano sperando che in futuro guadagneranno e, spinti dalla fiducia, stanno lì ad aspettare che arrivino nuove e migliori stagioni estive. Anche perché tutti operano con i dati storici che mostrano che la tendenza è sempre verso l'aumento delle presenze turistiche sul territorio.

Ovviamente questa visione del futuro basata solo sui dati del passato è quanto di più superficiale possa esserci. Non è che sia intelligente ignorare le informazioni dell'esperienza, ma sarebbe come effettuare le previsioni del tempo basandosi sul tempo che ha fatto nelle giornate precedenti. Il futuro ha dei cambiamenti e l'abilità sta nel poterli anticipare o nell'intuirne le direzioni, se non proprio i fatti in sé e per sé.

SEGRETO n. 18: l'abilità nel dirigere bene un'attività produttiva o nel mantenere un posto di lavoro sta nel prevedere e anticipare i cambiamenti e i potenziali pericoli che si annidano nel futuro.

Nel caso del nostro centro turistico, accade che sale agli onori della cronaca, in un'altra zona geografica, una nuova area turistica. Così, da un anno all'altro, non vi è più quel continuo aumento di presenze. Anzi, di colpo i turisti diminuiscono in modo percepibile. Ne consegue che non tutti i ristoranti hanno ora presenze sufficienti. Neppure per coprire i costi. Chi starà peggio? Ovviamente i ristoranti che hanno lavorato e lavorano peggio. Quelli in cui non c'è il corretto rapporto qualità/prezzo. Quelli in cui il turista non è al centro dell'attenzione della struttura. Quelli in cui i prezzi sono decisamente più alti dell'effettivo valore del servizio.

Ma ciò che ci preme indicare con questo esempio è che, anche in un contesto di "recessione" o di crisi, anche in un momento in cui ci sono molte meno presenze (trend negativo a livello generale) in quella località turistica ci sarà qualche ristorante a cui gli affari sono andati decisamente meglio degli anni precedenti (trend positivo a livello individuale).

Concludiamo questo capitolo dando uno sguardo al futuro. Assumersi la responsabilità della propria vita non è facile perché significa non nascondersi dietro a un dito e sapere che, in qualunque situazione ci andiamo a ficcare, le nostre decisioni o non decisioni hanno pesato in maniera molto consistente. Perché in ogni situazione c'era qualche altra cosa che potevamo fare (o non fare!) che avrebbe migliorato, magari di poco, la situazione.

Riprendersi il futuro significa anche comprendere che il futuro non ci porta necessariamente ciò che ci aspettiamo. Nel XXI secolo, la velocità dei cambiamenti è tale che diventa ottuso e pericoloso prendere decisioni basandosi su ciò che è capitato nel passato.

SEGRETO n. 19: la nostra società opera dei cambiamenti con una tale velocità che non è più possibile prendere decisioni per il futuro basandosi solo su ciò che è capitato nel passato, senza abbozzare o intuire i mutamenti e le tendenze del futuro.

Se siamo finiti nella palude di una situazione difficile, non è detto che sia facile uscirvi né che ciò sia immediato. Forse ci potrebbe volere un'intera vita o quasi per rimediare a certe situazioni. Ma sebbene questo possa talvolta essere vero, è ancor più vero che il vivere consiste essenzialmente nel viaggio che intraprendiamo piuttosto che nel raggiungere una meta in se e per se.

Quindi anche nel caso in cui dovessimo impiegare mezza eternità a sistemare gli errori commessi, il gioco ne varrebbe la pena. Perché chi ci dice che quel tipo di vita, dove si sbaglia e dove si rimedia, debba necessariamente essere meno divertente o appagante di una vita monotona in cui non accade mai un sussulto o in cui mai dobbiamo veramente metterci alla prova? Può essere un buono spunto di riflessione. Non credete?

RIEPILOGO DEL CAPITOLO 2:

- SEGRETO n. 10: il ricorrere a entrate finanziarie dovute a prestiti (in qualunque forma e da qualunque fonte provengano) mostra chiaramente un problema organizzativo e finanziario che deve essere prontamente corretto.
- SEGRETO n. 11: nella risoluzione di un problema, il fattore principale è la presa di coscienza della propria parte di responsabilità.
- SEGRETO n. 12: possiamo definire il concetto di responsabilità come la determinazione della causa di qualcosa e la determinazione delle conseguenze delle nostre azioni e comportamenti.
- SEGRETO n. 13: il modo migliore per affrontare la realtà è fare uso della logica "multi-valore" in cui le cose non sono solo bianche o solo nere, ma in cui esiste un passaggio graduale da qualcosa che è un po' giusto (sbagliato) a qualcosa che è un po' meno giusto (sbagliato).
- SEGRETO n. 14: in un accadimento o situazione occorre capire cos'è successo, chi ha contribuito a causare le cose e chi si prenderà oneri e onori di quanto fatto. Questo porta a scoprire come identificare la propria parte di responsabilità.

- SEGRETO n. 15: una completa assunzione di responsabilità (e la conseguente comprensione delle cause di una certa situazione) si ottiene quando, oltre a quello delle proprie azioni e decisioni, si effettua un esame delle non scelte e delle azioni non commesse.
- SEGRETO n. 16: sentirsi colpevoli per azioni commesse o problemi è una pratica estremamente dannosa perché è un sottile modo di "svincolarsi" dall'assunzione di responsabilità sulla cosa.
- SEGRETO n. 17: il pensiero di fare qualcosa viene sempre prima dell'azione stessa. Tirarsi fuori da una cattiva condizione finanziaria è qualcosa che avviene prima nella nostra mente, con un mutamento di punto di vista, rispetto al mondo reale.
- SEGRETO n. 18: l'abilità nel dirigere bene un'attività produttiva o nel mantenere un posto di lavoro sta nel prevedere e anticipare i cambiamenti e i potenziali pericoli che si annidano nel futuro.
- SEGRETO n. 19: la nostra società opera dei cambiamenti con una tale velocità che non è più possibile prendere decisioni per il futuro basandosi solo su ciò che è capitato nel passato, senza abbozzare o intuire i mutamenti e le tendenze del futuro.

CAPITOLO 3:

Come preparare un piano d'azione finanziario contro i debiti

Giunti a questo punto, abbiamo definito i termini generali del problema e delineato il quadro teorico di riferimento. Abbiamo cercato capire meglio la nostra condizione e come si debba mutare il proprio modo di affrontare i problemi e le situazioni della vita di tutti i giorni. Si tratta ora di rimboccarsi le maniche e sistemare le cose.

Per fare questo, dobbiamo avere una strategia, ovvero una linea guida che disegni un percorso attraverso le situazioni fino alle loro soluzioni. Una strategia è una linea immaginaria che funge da denominatore in quello che facciamo. È una sorta di univocità di direzione. È un criterio guida che unisce e dà un senso generale a tutte le azioni che portiamo a termine.

Tale strategia deve essere messa su carta stilando un piano e prevedendone le singole azioni concrete che la realizzeranno. Per questo cominceremo a lavorare creando un "piano d'azione finanziario", vale a dire un elenco coordinato di azioni da compiere con la definizione dei tempi di realizzazione di ciascuna di esse. Compiendo queste azioni nella giusta sequenza e nei tempi stabiliti, potremo sistemare le cose che non vanno e riusciremo a migliorare la nostra condizione.

SEGRETO n. 20: la soluzione di una certa condizione passa attraverso la creazione di una strategia generale e la compilazione di un "piano d'azione finanziario" che consiste nella stesura scritta delle azioni che realizzeranno in concreto.

Come si prepara un piano d'azione? Come prima cosa, abbiamo appreso molti dati dalla nostra analisi della condizione di cui ci stiamo occupando. Le cose che adesso dovrebbero essere evidenti sono:

- le cause della nostra situazione;
- le debolezze delle difese del nostro castello;
- le risorse su cui possiamo contare;
- i fattori avversi da cui dobbiamo difenderci e i relativi pericoli.

A queste informazioni vanno aggiunte anche le nostre mete e obiettivi desiderati. Di conseguenza dovremmo, in un certo senso, chiederci "cosa vogliamo fare da grandi".

Ritornando al nostro piano d'azione finanziario esistono alcune massime che devono essere ricordate e che ci possono guidare nella creazione di questa guida personale. Una di queste recita: «Qualsiasi piano d'azione finanziario, per quanto concepito male e portato avanti peggio, è meglio di nessun piano d'azione finanziario». Un piano, lo ribadiamo, è un insieme scritto (nel senso di chiaro e definito e non solo vagamente pensato) di azioni da compiere in sequenza, basate su una strategia di fondo.

SEGRETO n. 21: per quanto un piano d'azione finanziario possa essere concepito in modo superficiale e scritto in modo approssimativo, sarà sempre una guida migliore che non possedere nessun piano d'azione finanziario.

Un'altra massima da ricordare è quella secondo cui le cose non possono essere risolte in un modo solo, ma vi sono molteplici vie che ci permettono di affrontare un problema o di uscire da una certa condizione. Per qualcuno è più facile percorrere una strada mentre per qualcun altro è più facile percorrerne un'altra.

Più che la strada, con cui cerchiamo di uscire da un certo problema, ciò che conta è la velocità con cui un piano viene concepito e realizzato. In particolare, ciò che conta è quanto velocemente si realizzano le azioni che mettono in atto una certa strategia. È inutile fare le cose bene se non lo si fa alla giusta velocità. Addirittura, la velocità con cui si portano a termine le cose può essere considerata un fattore più importante del grado di correttezza di quelle stesse azioni.

Un esempio ci viene fornito da una serata passata in pizzeria. Mangiare alle 24:00 una pizza ordinata alle ore 21:00 non è qualcosa che ci riempia di gioia, neppure se quella pizza fosse comunque buonissima in fatto di gusto e qualità degli ingredienti. È addirittura probabile che per quell'ora siamo già andati via, oltretutto arrabbiati. Se avessimo potuto scegliere, avremmo sicuramente scelto di mangiare una pizza meno buona ma servita in un orario più vicino alle attese.

SEGRETO n. 22: le cose hanno vari gradi di correttezza ma è la velocità con cui si portano a termine che fa sì che una strategia o un'idea siano vincenti o funzionali.

Un piano d'azione finanziario parte da un presupposto inamovibile, ovvero dal fatto di interrompere o bloccare ciò che non sta andando bene nella nostra vita. Da un'analisi della nostra situazione scopriremo che ci sono situazioni che si ripetono continuamente, abitudini o consuetudini che stanno alla base dei nostri problemi. Magari possiamo scoprire che spendiamo più di quanto guadagniamo. Oppure che siamo soliti spendere dei soldi in acquisti o spese non strettamente necessarie. A questo punto la prima cosa da fare è smettere di portare avanti queste azioni.

Dobbiamo anche smettere di portare avanti le cosiddette *in*-azioni. Le in-azioni sono semplicemente le cose che dovremmo fare (in base al nostro ruolo nella società o nell'organizzazione lavorativa di cui facciamo parte) e che, invece, non stiamo facendo.

In quasi ogni caso ci sono delle cose che sappiamo per certo di dover fare ma che, per un motivo o per l'altro, non stiamo facendo. È giunto il momento di fare ciò che dobbiamo fare o di smettere di fare ciò non dobbiamo fare.

Un esempio reale che citiamo è quello di un imprenditore che tentò di attuare molte iniziative aziendali (non legate tra loro) per poi finire sempre gambe all'aria, con notevoli pasticci civilistici e fiscali e una massa importante di debiti. Per ogni insuccesso, per ogni attività andata male, l'imprenditore aveva sempre una spiegazione dettagliata e puntuale. La sua prima ditta non era decollata perché la banca aveva ritirato improvvisamente l'appoggio finanziario; la sua seconda attività aveva accumulato debiti per colpa delle maestranze e dei collaboratori; la terza per colpa della crisi di mercato e così via. Benché tutte queste motivazioni fossero logiche e persino profonde, sembravano dipingere l'imprenditore sempre e soltanto come una vittima del mondo economico circostante. Sembrava che egli non commettesse errori se non di piccola entità e, comunque, mai determinanti.

Eppure, in base al nostro approccio, volevamo trovare *un* singolo comportamento da parte dell'imprenditore che lo predisponesse a subire le cause che egli, con correttezza, aveva identificato. Volevamo trovare qualcosa che fosse appartenesse al regno delle *sue* responsabilità. Non ci interessava analizzare le cause "al di fuori" del suo perimetro di responsabilità.

Così, in più di un colloquio, cercammo di capire cosa l'imprenditore facesse e cosa non facesse poco prima che le cose cominciassero a girare male. A un certo punto, saltò fuori, nitidissimo, un fattore: vi era un'attitudine da parte dell'imprenditore a rimandare al domani l'aggiustamento di piccole situazioni che andavano fuori controllo.

Quando si presentava un piccolo problema, l'imprenditore non lo affrontava immediatamente e con decisione. Non cercava di contenerlo entro limiti accettabili, ma rimandava a data futura ogni tentativo di risoluzione, giustificando il tutto con il fatto che in quel momento vi era del lavoro e della produzione da portare avanti. Dava sempre la precedenza all'immediato.

Questo atteggiamento creava un effetto simile a una valanga. Il sassolino che cominciava a rotolare, dopo un po' diventava una massa gigantesca. Tant'è che tutte le nuove attività che l'imprenditore faceva decollare erano, in realtà, dei tentativi di scappare dai fallimenti imprenditoriali precedenti. L'imprenditore rimandava il pagamento di una scadenza fiscale perché non vi erano i soldi e poi rimandava il pagamento di una cartella esattoriale perché quei soldi servivano al funzionamento della nuova ditta e così via, in un'escalation di problemi.

Quando la cosa fu portata ai suoi occhi, l'imprenditore strabuzzò gli occhi, rendendosi conto (sicuramente per la prima volta) di quanto disastrosa fosse la sua cattiva abitudine. Non si trattava, infatti, di un modo di comportarsi deciso a tavolino, quanto di un modo di operare connotato dalla disorganizzazione e da consolidate brutte abitudini. Tant'è che soffriva di problemi analoghi (l'accumularsi di cose non fatte!) anche in altri ambiti della propria vita, come la sfera familiare. Dopo aver isolato questo fattore, divenne molto più facile capire come si poteva tracciare un percorso che avrebbe cercato di risolvere le sue difficoltà.

SEGRETO n. 23: in un piano d'azione finanziario, il primo passo è interrompere, mettere da parte, rendere ininfluenti i comportamenti, le decisioni e le azioni che hanno in qualche modo portato a sviluppare la situazione che si sta cercando di risolvere.

In un secondo passo della nostra azione di "risoluzione" dei problemi finanziari, bisogna prendere in considerazione quegli aspetti della nostra personale condizione che rappresentano un potenziale pericolo. Le nostre azioni hanno sempre delle conseguenze. Alcune rimangono all'interno dei rapporti personali, altre travalicano questi limiti e vanno a disegnare conseguenze di tipo civilistico e, talvolta, penale. Sempre per tirar via i nebulosi pensieri dalla nostra mente, è quantomeno terapeutico elencare con precisione quali possono essere i potenziali pericoli che possono colpirci (creditori che intentano cause, recuperi coatti da parte di autorità fiscali ecc.).

Un primo passo consiste nello stilare un elenco di creditori e di debiti pendenti, separandoli per anzianità temporale (prima i più lontani nel tempo) e per tipologia. Un primo criterio di separazione si basa sulla natura del debito. Avremo debiti con soggetti privati, con aziende e debiti con banche o finanziarie. Infine potremmo avere anche dei debiti con lo Stato o con enti fiscali.

Questi debiti non sono tutti ugualmente importanti. Alcuni di essi sono più importanti di altri. Ricordiamoci che l'atteggiamento corretto è quello degli animali nel loro tentativo di sopravvivere alle avversità. Gli animali non umanizzano i loro avversari pensando che c'è cattiveria o qualcosa di simile. Che il leone cerchi di mangiare la gazzella sta nell'equilibrio delle cose. Non è che la gazzella pensa necessariamente che il leone sia un farabutto o un poco di buono.

Così, se intendiamo tirarci fuori dalla melma della palude in cui siamo finiti, occorre innalzare la nostra capacità di mantenere il sangue freddo e la nostra capacità di guardare ai fatti cercando di pianificare le azioni in base all'equilibrio costi-benefici anziché in base a fattori emotivi.

SEGRETO n. 24: i debiti finanziari non sono tutti uguali ma hanno una natura diversa a seconda del tipo di soggetto con cui si è indebitati. Per questo occorre suddividere tutti i debiti per tipologia dei creditori e per scadenza.

Certamente non è piacevole dover dire a un creditore che non gli daremo i suoi soldi, non subito perlomeno. E non è facile neanche mantenere l'immagine di persona decisa e sicura anche nei frangenti in cui dobbiamo rendere conto a qualcuno per debiti pregressi. Ma è l'unica strada per uscirne.

Non leggerete in nessuna di queste righe che chi ha contratto un debito non sia obbligato a pagarlo, anche quando questo debito fosse viziato da un qualche errore in primo luogo. I debiti vanno pagati e i propri impegni mantenuti. Ma, allo stesso modo, la strada per uscirne non è quella di accettare le pressioni di chiunque possa entrare in contatto con noi o dare i nostri soldi a pioggia con la speranza che i creditori ci lascino in pace. Per quanto riguarda i temi finanziari, occorre comprendere dei fatti che sono quasi una legge assoluta.

La prima cosa che in un individuo viene osservata (e ammirata) dagli altri è la propria capacità di possedere o attrarre sopravvivenza, sia in termini di beni e risorse, sia in termini di potere e benevolenza. È un qualcosa che probabilmente risiede negli recessi più remoti della nostra mente, una sorta di archetipo ancestrale (ovvero un'idea primordiale) presente nei ragionamenti di tutti. Quasi come un pensiero che è insito in noi fin dalla nascita e a cui tutta la razza umana attinge come se provenisse da un archivio comune.

SEGRETO n. 25: la capacità di possedere o attrarre sopravvivenza, sia in termini di beni e risorse, sia in termini di potere e benevolenza, è una componente dell'individuo che viene osservata e ammirata dagli altri.

È assolutamente verificabile da chiunque che gli uomini e le donne provano attrazione e ammirazione per coloro che sembrano persone inclini a sopravvivere meglio. Questo tipo di attitudine a una maggiore sopravvivenza viene esemplificato in molti modi. Una persona di spiccata intelligenza, con doti fisiche particolari o con un'innata capacità comunicativa ispira la possibilità che riesca ad attirare più attenzione e che riesca a sopravvivere meglio. Così possedere ricchezza od occupare ruoli sociali di potere conferisce ugualmente un alone di forza e di futura migliore sopravvivenza. Partendo da questo concetto, anche nei momenti difficili useremo questo tipo di atteggiamento per semplificare le nostre difficoltà, che sono già un problema di per sé e non hanno certo bisogno di essere ulteriormente complicate.

È anche necessario avere, verso le finanze, questo alone di buona sopravvivenza, che chiameremo "credibilità finanziaria". Se ci ritroviamo senza soldi, sbandierare la cosa ai quattro venti non è di nessuna utilità ed è addirittura molto dannoso. Non si tratta di mentire su quello che si possiede o si guadagna, si tratta di non darsi la zappa sui piedi! Potremmo anche avere un gran numero di persone pronte a linciarci o a darci addosso: non abbiamo bisogno di rendergli il lavoro più semplice. Così se dobbiamo dei soldi a qualcuno, costui è tenuto solo a riavere i suoi soldi indietro e non a conoscere le nostre cose intime, i nostri conti o i nostri pasticci in fatto di denaro.

Dire a un creditore che si è "senza soldi" e senza la possibilità di una soluzione è probabilmente il modo migliore per renderlo ancora più preoccupato e collerico riguardo ai suoi soldi. La soluzione consigliata, in tutte le situazioni, è ispirare nell'interlocutore una sensazione di sopravvivenza e di futuro, a prescindere dalla gravità della situazione. Sembra quasi un consiglio banale ma non si ha l'idea di quanto in profondità possa lavorare a nostro beneficio questo atteggiamento. E il tutto senza spendere un centesimo.

SEGRETO n. 26: dire a un creditore che si è "senza soldi" è il miglior modo per renderlo ancora più preoccupato riguardo al debito. Il modo migliore di trattare la cosa è ispirare, a prescindere dalla gravità della situazione, una sensazione di sopravvivenza e futuro.

Diciamo questo perché adesso abbiamo un elenco di debiti divisi per anzianità e per tipo di creditore. Fra queste tipologie la prima a cui bisogna dedicarsi è il creditore statale (relativo allo stato o governo della nazione in cui viviamo), in qualsiasi forma esso si presenti. Si scovano i debiti con lo Stato o con gli enti locali oppure con le società di esazione del credito e si mette lì una linea di comunicazione. Si raccolgono tutti i dati sui tempi che si hanno a disposizione e sulle modalità di rateizzazione dei soldi dovuti.

Poi vengono i creditori di tipo bancario e finanziario. Costoro sono spesso più aggressivi del creditore statale ma sono molto meno "pericolosi". Sbraitano e fanno la voce grossa, usando spesso toni duri e cinici metodi di terrorismo psicologico per indurre il loro debitore a pagare. Lo ribadiamo: *in nessun senso e in nessuna forma si intende suggerire a qualcuno che i debiti contratti non debbano essere pagati.* Gli impegni e i contratti devono essere onorati. Ma ciò non giustifica un creditore nell'usare metodi moralmente non leciti per rientrare in possesso dei loro soldi.

Quindi, la strategia è quella di ammortizzare gli attacchi di tutti i creditori mentre si lavora per sistemare le cose. Il modo migliore è pagare i debiti più vecchi e legati a situazioni pendenti con Stato e fisco. Per fare questo occorre informare con compostezza ma fermezza tutti gli altri creditori che devono attendere il loro turno. A meno che tra questi non vi sia qualcuno che, per motivi vari, non rappresenti un pericolo. Ad esempio un conoscente che si sa essere violento o poco equilibrato nelle reazioni emotive.

Si scoprirà, tra l'altro, che molti creditori si accontentano di un "saldo e stralcio". Ovvero, molte strutture finanziarie o bancarie, pur di non aver più a che fare con noi, potrebbero accettare un rimborso di una sola parte del debito, lasciandoci comunque alla fine una quietanza liberatoria in cui dichiarano che niente è più dovuto. Quando si presenta questa occasione (e occorre anche lavorare perché si presenti) bisogna cercare di coglierla al volo.

A questo punto abbiamo cominciato a mettere nero su bianco quanto dobbiamo fare in relazione ai debiti. Ma i problemi non finiscono certo qui. Le nostre azioni, le nostre disgrazie e i nostri errori hanno anche delle conseguenze dal punto di vista dei rapporti interpersonali. Il deterioramento di questi è uno dei potenziali pericoli di cui parlavamo nelle pagine precedenti. E se torniamo al concetto di ricchezza in termini di sopravvivenza generale, non possiamo trascurare che la maggior ricchezza di cui possiamo essere oggetto risiede nella quantità e qualità dei contatti e degli appoggi (anche potenziali) di cui potremmo disporre.

Dopo aver espletato questi due punti, il piano d'azione finanziario comincia a prevedere un cambiamento della situazione che passa attraverso l'aggiustamento della nostra vita da un punto di vista produttivo o lavorativo.

SEGRETO n. 27: tenere i creditori tranquilli è solo una prima fase per la soluzione di una situazione finanziaria negativa. Il passo successivo è la sistemazione del potenziale produttivo dell'individuo.

Se avete letto il mio precedente corso La legge del denaro, avrete già capito a cosa mi riferisco. In caso contrario occorre comprendere che il denaro è il risultato di una produzione e di uno scambio. E che se ci siamo trovati senza denaro, significa che per lungo periodo siamo incorsi nel problema di non aver prodotto qualcosa di valore o di non essere riusciti a scambiarla con l'esterno in cambio di denaro.

La modifica di questo importante fattore di non sopravvivenza è fondamentale. E da qui ne discendono tutta una serie di domande le cui risposte devono entrare a far parte del proprio piano d'azione finanziario. Le domande sono:

- Cosa so fare? Quali sono i prodotti che possono offrire sul mercato in termini di beni, semilavorati, prestazioni o servizi?

- Quali sono gli individui, le società o organizzazioni che hanno potenzialmente necessità di ciò che posso/riesco a produrre?
- Quali sono i margini di incremento della mia professionalità per aumentare la qualità dei miei prodotti? Quanto mi costerebbe in termini di tempo e denaro questo incremento di qualità? È un investimento bilanciato in termini di costi e benefici? È sostenibile?
- Quali sono le tipologie dei prodotti (beni o servizi) maggiormente richiesti nella mia area? C'è qualche attinenza fra i mercati in fase matura (che vanno per la maggiore) e le mie capacità professionali e produttive?
- È ipotizzabile la nascita della domanda di un bene o servizio che io posso prepararmi a offrire con tempi e costi ragionevoli?

Queste domande sono formulate in un modo che da sembrare indirizzate solo ad artigiani o a liberi professionisti, ma sono concetti su cui invece si deve interrogare anche chi è alla ricerca di un posto da dipendente. Il ragazzo che sa posare a regola d'arte le piastrelle, ma non è capace di fare altro, dovrà pure interrogarsi su come stanno andando (e come si prevede ragionevolmente che andranno in un imminente futuro) i mercati relativi all'edilizia o alla ristrutturazione! Se le ditte che effettuano i lavori che lui è in grado di consegnare stanno progressivamente chiudendo, sarà forse consigliabile che si interroghi sulla cosa? Ovviamente sì! Dove mai andrà a prestare il suo servizio se il bene che lui sa produrre non è più richiesto o lo è in termini molto inferiori rispetto al passato?

Sta di fatto che un piano d'azione finanziario non può prescindere dall'esaminare cosa deve essere fatto per mettersi nella condizione di produrre di più. Tutto ciò che si fa, tutti gli espedienti che si elaborano pur di prendere tempo e rimandare al prossimo futuro hanno valore e avranno valore *solo e se* sono un aspetto preliminare di un'azione di portata più ampia e più strutturale.

SEGRETO n. 28: dopo aver fronteggiato l'emergenza di una situazione finanziaria instabile e aver ottenuto un po' di tempo per onorare i propri impegni, ciò avrà un senso *solo e*

***se* ne consegue un'azione di aumento della propria produttività o dello scambio di ciò che si produce.**

In conclusione, occorre porre in rilievo un ultimo aspetto che potrebbe mandare a monte la validità del piano d'azione finanziario. E questo fattore è l'assegnazione di un target temporale entro cui una determinata azione deve essere portata a compimento. Non basta fare le cose, bisogna anche farle nei tempi giusti. E un modo per far sì che un piano d'azione non sia un romanzo o un semplice esercizio didattico consiste nel coordinare adeguatamente, da un punto di vista temporale, le scadenze e gli adempimenti.

Stabilire dei target temporali, ovvero delle date entro cui una specifica azione deve essere portata a compimento può veramente tramutare il piano d'azione finanziario da un mero intendimento a uno strumento di guerra che ci permette di superare tutte le avversità.

Ovviamente non cercate di essere fin da subito dei sublimi geni che riescono a concepire il miglior piano d'azione finanziario possibile. Il piano si deve confrontare con la vita stessa e le sue complessità. È una sorta di organismo vivente che deve in un certo modo adattarsi alla situazione. Quindi sappiate che è possibile che il piano d'azione finanziario non sia perfetto o completo. Non a una prima stesura. Lo si fa, lo si mette in pratica, lo si ri-esamina e infine lo si migliora. Anche perché, man mano che si entra in contatto con la situazione, sarà più facile avere un punto di vista ancora più lungimirante rispetto a quanto c'è da fare.

Lo schema generale del piano d'azione finanziario

Elenchiamo ora le azioni che devono essere fatte in un piano d'azione finanziario in ordine schematico, partendo dai passi e dalla metodologia esaminata fin qui. Ecco lo schema generale per preparare un *piano d'azione finanziario*:

1. delineare la situazione nei suoi termini generali per iscritto (definire lo stato operativo);
2. trovare le cause fondamentali della situazione riconducibili alla propria sfera di responsabilità;
3. identificare i fattori avversi presenti sulla scena attuale;
4. stabilire le proprie mete a breve, medio e lungo raggio;

5. stabilire quali sono le risorse a propria disposizione;
6. riorganizzare la propria gestione finanziaria;
7. bloccare l'esistenza dei fattori (precedentemente identificati) che hanno generato l'attuale situazione di dissesto finanziario;
8. compilare per iscritto il piano d'azione finanziario, identificando una strategia generale per la soluzione;
9. continuare a scrivere il piano d'azione finanziario, stilando uno di fianco all'altro problemi e soluzioni;
10. decidere quale produzione si può scambiare con l'ambiente economico in cui si vive e si opera;
11. provvedere alla promozione della propria persona (o della propria professionalità) oppure di una potenziale produzione o prodotto;
12. stilare un elenco di azioni semplici e attuabili attingendo alle decisioni e riflessioni dei precedenti gradini;
13. preparare un calendario delle azioni da realizzare.

Nel prossimo capitolo esamineremo degli esempi creati a tavolino (ma basati su reali consulenze svolte) per vedere come possiamo applicare nel concreto lo schema sopra delineato.

RIEPILOGO DEL CAPITOLO 3:

- SEGRETO n. 20: la soluzione di una certa condizione passa attraverso la creazione di una strategia generale e la compilazione di un "piano d'azione finanziario" che consiste nella stesura scritta delle azioni che realizzeranno in concreto.
- SEGRETO n. 21: per quanto un piano d'azione finanziario possa essere concepito in modo superficiale e scritto in modo approssimativo, sarà sempre una guida migliore che non possedere nessun piano d'azione finanziario.
- SEGRETO n. 22: le cose hanno vari gradi di correttezza ma è la velocità con cui si portano a termine le cose che fa sì che una strategia o un'idea siano vincenti o funzionali.
- SEGRETO n. 23: in un piano d'azione finanziario, il primo passo è interrompere, mettere da parte, rendere ininfluenti i comportamenti, le decisioni e le azioni che hanno in qualche modo portato a sviluppare la situazione che si sta cercando di risolvere.
- SEGRETO n. 24: i debiti finanziari non sono tutti uguali ma hanno una natura diversa a seconda del tipo di soggetto con cui si è indebitati. Per questo occorre suddividere tutti i debiti per tipologia dei creditori e per scadenza.

- SEGRETO n. 25: la capacità di possedere o attrarre sopravvivenza, sia in termini di beni e risorse, sia in termini di potere e benevolenza, è una componente dell'individuo che viene osservata e ammirata dagli altri.
- SEGRETO n. 26: dire a un creditore che si è "senza soldi" è il miglior modo per renderlo ancora più preoccupato riguardo al debito. Il modo migliore di trattare la cosa è ispirare, a prescindere dalla gravità della situazione, una sensazione di sopravvivenza e futuro.
- SEGRETO n. 27: tenere i creditori tranquilli è solo una prima fase per la soluzione di una situazione finanziaria negativa. Il passo successivo è la sistemazione del potenziale produttivo dell'individuo.
- SEGRETO n. 28: dopo aver fronteggiato l'emergenza di una situazione finanziaria instabile e aver ottenuto un po' di tempo per onorare i propri impegni, ciò avrà un senso *solo e se* ne consegue un'azione di aumento della propria produttività o dello scambio di ciò che si produce.

CAPITOLO 4:

Come personalizzare il piano d'azione finanziario contro i debiti

Come spesso succede per le attività umane, la realizzazione di qualcosa è faccenda ben diversa della sua semplice pianificazione. E per tale motivo ho deciso di affrontare il tema della realizzazione del piano d'azione finanziario, esaminandolo esplicitamente dal punto di vista operativo e calandolo nella realtà di tutti i giorni. Cercherò quindi di esemplificare al massimo ciò che ho esposto tramite dimostrazioni e situazioni specifiche. Ho scelto, in particolare, 4 casi tipo che possono incarnare delle situazioni finanziarie problematiche abbastanza comuni e generali:

- **1° caso:** individuo che lavorava ma che ha perso il proprio lavoro e non riesce a trovarne uno nuovo, con grandi difficoltà finanziarie.
- **2° caso:** individuo che nel passato ha contratto vari prestiti personali da banche o finanziarie e che, per motivi vari, non riesce più a ripagare.

- **3° caso:** individuo che, dopo aver aperto un'attività imprenditoriale assumendo varie persone, per crisi generale di mercato o per scelte imprenditoriali sbagliate, non è riuscito a sottrarsi a un crollo o a un fallimento.
- **4° caso:** individuo che vive in un ambiente privo di occasioni lavorative e si arrangia lavoricchiando qua e là alla giornata, ma senza una vera prospettiva futura.

Esaminiamo prima lo schema generale del *piano d'azione finanziario* così come esposto nel precedente capitolo. Successivamente, affronteremo ogni singolo caso vedendone un'applicazione concreta.

Delineare la situazione nei suoi termini generali per iscritto (definire lo stato operativo)

Qual è la produzione che la persona svolge o svolgeva nell'immediato passato? Quale mansione ricopriva? Quale prodotto (bene o servizio) produceva o contribuiva a portare in esistenza? Quanto tempo prima del momento di difficoltà la produzione era accettabile? Quanto tempo prima le entrate erano sufficienti e superiori alle uscite? Quali cambiamenti (interni o esterni) si sono verificati in quel momento e nei momenti successivi? Quali mutamenti ci hanno colpito e creato problemi (abbondare nella descrizione: più particolari vengono scritti, più chi prepara il piano d'azione finanziario può avere una scena chiara della situazione)? Qual è la nostra attuale situazione finanziaria? Quali sono le emergenze e urgenze attuali? Quali persone, aziende, enti, organizzazioni sono implicati nella nostra situazione? Quali di questi esercitano una pressione nei nostri confronti (pressione attiva o passiva)? La nostra è una situazione di sola emergenza o di assoluto pericolo?

Trovare le cause fondamentali della situazione riconducibili alla propria sfera di responsabilità

Elencare in ordine sparso tutti i fattori (situazioni, avvenimenti, persone, organizzazioni ecc.) che sembrano essere le cause della situazione delineata al punto 1, senza escluderne neppure uno. Stabilire quali di questi fattori sono ascrivibili alla propria sfera di responsabilità. Esaminare la propria persona, le proprie attitudini, la propria organizzazione personale, le proprie conoscenze, la propria preparazione professionale, la propria esperienza diretta ed elencare tutti i punti non ottimali che potrebbero essere definiti una "difesa del castello non idonea". In altre parole, cercare nella nostra persona o attività ciò che potrebbe rappresentare un punto debole o un cedimento alle pressioni esterne. Identificare le possibili cause della situazione (solo quelle ascrivibili alla nostra sfera di responsabilità o conseguenza dalle nostre azioni dirette).

Identificare i fattori avversi presenti sulla scena attuale

Elencare in modo dettagliato tutte le persone, aziende, enti pubblici a cui dobbiamo soldi o un pagamento già scaduto. Elencare e mettere in ordine tutti (ma proprio tutti!) i debiti (comprese anche le fatture o i conti non pagati ma già scaduti) che abbiamo, dividendoli in:

- debiti con privati;
- debiti con aziende;
- debiti con banche e/o strutture finanziarie;
- debiti con lo stato, il fisco, enti governativi e simili.

Elencare in generale le possibili conseguenze a breve termine e a medio termine da un punto di vista personale, civilistico, fiscale ed eventualmente penale di una mancata risoluzione della situazione di difficoltà finanziaria.

Riorganizzare le conseguenze trovate al punto precedente, ordinandole per gravità, partendo dalla conseguenza peggiore. Ciò serve per guardare in faccia le conseguenze ma anche per scaricare dalla mente le pessime conseguenze negative di questi pensieri che vagano continuamente senza essere verbalizzati. In genere la persona sa quali conseguenze la attendono, ma non parlarne o non affrontare apertamente la situazione, sembra che faccia sentire più sicuri, mentre, al contrario, provoca un maggiore turbamento.

SEGRETO n. 29: tenere a mente in modo indistinto le conseguenze delle nostre azioni o i vari aspetti dei nostri problemi è di pochissima utilità e aumenta la pressione (stress) di questa massa di pensieri sulla nostra lucidità e serenità.

Elencare quali difficoltà si stanno incontrando o, a seconda dei casi, si sono incontrate nel cercare un nuovo lavoro, nel produrre di più, nel trovare nuovi clienti o nell'incassare i soldi lavorati ma non pagati.

Stabilire le proprie mete a breve, medio e lungo raggio

Fare un esame delle proprie aspirazioni e determinare delle mete di lungo periodo per se stessi e la propria vita (esponendole per iscritto) che abbiano una certa coerenza con la persona (inutile decidere che la propria meta è partecipare alle olimpiadi quando si hanno 35 anni e non si è mai praticato sport!) e con le sue potenzialità. La meta può essere un traguardo ardito ma comunque realizzabile. Un sogno irrealizzabile non è una meta. Per lungo periodo intendiamo un periodo di tempo che varia più o meno dai 10 anni a tutta la vita.

Partendo dalle mete di lungo periodo, elaborare e mettere per iscritto quali possono essere quelle di medio periodo che, una volta raggiunte, contribuiscono (o comunque non impediscono e non sono di ostacolo o distrazione) a conseguire gli obiettivi di lungo periodo. Per medio periodo intendiamo un lasso di tempo che varia all'incirca da 1 a 10 anni.

Mettendo insieme le mete di lungo periodo e quelle di breve periodo, stabilire e mettere per iscritto quali sono gli obiettivi di breve periodo che contribuiscono a realizzare le mete. Gli obiettivi di breve periodo sono tutti quelli che, una volta conseguiti, contribuiscono a raggiungere le mete di breve e lungo periodo. Per breve periodo intendiamo tutto ciò che si realizza nell'arco di un anno o meno.

SEGRETO n. 30: stabilire con esattezza quali sono le mete della nostra vita e gli obiettivi minori ci permette di trovare ed elaborare con più facilità le soluzioni ai nostri problemi o difficoltà.

Stabilire quali sono le risorse a propria disposizione

Esaminare quali beni si possiedono dandone una valutazione reale (stima dei beni di proprietà, conteggio del denaro liquido immediatamente esigibile, conteggio del denaro immobilizzato e dei costi di smobilizzo, fatture non riscosse, crediti non recuperati ecc.) e metterli per iscritto in una lista.

Esaminare quali fonti di finanziamento di tipo bancario o finanziario sono a nostra disposizione, sia che si decida di usufruirne sia che si decida di non usufruirne (controllo della propria situazione creditizia nelle banche dati del sistema finanziario, valutazione del proprio merito creditizio in base ai propri redditi ecc.) e metterli per iscritto in una lista. Esaminare quali possibili alleati si potrebbero avere nella propria cerchia di amici e conoscenti su cui poter contare per un supporto finanziario sotto forma di prestito fiduciario ed elencarli per iscritto.

Esaminare quali professionalità o capacità possiamo ascrivere al nostro personale profilo. Nello specifico bisogna comporre una sorta di curriculum in cui, più che l'elenco delle mansioni e dei lavori svolti, vengano messi in rilievo i lavori e le mansioni che si è in grado di fare. Il concetto cruciale è che tale sorta di curriculum è scritto a nostro beneficio piuttosto che a beneficio altrui. Esaminare ed elencare per iscritto quali altre professionalità, abilità e competenze siano acquisibili in tempi relativamente brevi e con costi relativamente accettabili.

Riorganizzare la propria gestione finanziaria

Esaminare le entrate degli ultimi 5 anni, anno per anno, e stabilire l'andamento della tendenza del grafico lineare (entrate in aumento, entrate stazionare, entrate in diminuzione). Per stilare un grafico lineare occorre mettere sul lato verticale le entrate e su quello orizzontale il tempo, unendo linearmente i punti ottenuti con l'esame delle entrate per anno.

Stilare un elenco completo delle uscite personali e familiari (non quelle aziendali!) dividendo le spese con scadenza annuale da quelle quadrimestrali, trimestrali e mensili. Riportare tutte le spese alla scadenza mensile dividendole per i mesi che coprono (ad esempio, per stabilire la quota di competenza di ogni mese, una copertura assicurativa di 6 mesi deve essere divisa per 6).

SEGRETO n. 31: per avere le proprie finanze sotto controllo, occorre dividere tutti i costi e le spese in una stessa unità di tempo (la settimana o il mese), ripartendo le spese annuali o semestrali in quote pertinenti all'unità scelta.

Calcolare l'importo mensile delle spese. Stabilire quali spese mensili sono assolutamente necessarie e incomprimibili (spese fisse) e quali variabili. Stabilire un proprio cash-flow (flusso di cassa) fra le entrate e le uscite, in modo da stabilire quali sono le entrate minime per coprire i costi fissi e le spese essenziali.

Bloccare l'esistenza dei fattori che hanno generato l'attuale situazione di dissesto finanziario

L'individuo deve semplicemente smettere di agire con i metodi o comportamenti abitudinari attuati in precedenza. Egli deve iniziare a fare quelle cose che sa che avrebbe dovuto fare ma che non sta facendo o non ha fatto.

Compilare per iscritto il piano d'azione finanziario, identificando una strategia generale per la soluzione

Alla luce di tutto quello che si è esaminato finora (e il lavoro non è stato poco), l'individuo dovrebbe avere un'idea, per quanto vaga e non definita, di quale può essere la linea guida che lo potrebbe portare fuori dalla situazione. Questo gradino potrebbe essere completato in un secondo, in seguito a un'illuminazione improvvisa, oppure dopo un bel po' di tempo di profonda riflessione.

Se una strategia non delinea in breve tempo, comunque, è segno che la situazione non è stata esaminata con sufficiente attenzione e che tutti passi sin qui esposti non sono stati compiuti con sufficiente accuratezza. Una strategia potrebbe essere quella di cambiare semplicemente residenza, alla volta di un luogo in cui ci possano essere (almeno in teoria) maggiori occasioni di lavoro o di business per la nostra professionalità. Un'altra strategia potrebbe essere quella di cambiare il proprio prodotto principale. E così via. Esistono infinite possibilità e infinite strategie, tante quante sono le diversità delle situazioni che la vita può presentarci.

Continuare a scrivere il piano d'azione finanziario, stilando uno di fianco all'altro problemi e soluzioni

Dopo aver identificato la strategia, creiamo un elenco completo e ordinato di tutte le situazioni pericolose e dei problemi che ci riguardano. Quindi provvederemo ad associare a ogni situazione pericolosa, scrivendola di fianco, una soluzione o una serie di azioni che possano portare a migliorarla. Per salire questo gradino bisogna prendersi tutto il tempo che occorre. Dopo aver associato a ogni situazione pericolosa o problema una soluzione, occorre ripetere la procedura trovando due o anche tre differenti soluzioni per ogni problema o situazione da risolvere.

Quello che è maggiormente benefico, in questo esercizio, è la ricerca delle soluzioni e l'allenare la nostra mente a ragionare in termini di *soluzioni* e non in termini di *problemi*. Più si è orientati a esaminare il problema e più questo sembrerà crescere sotto i nostri occhi. L'esatto contrario avviene quanto si è orientati all'esaminare e vagliare soluzioni.

SEGRETO n. 32: occorre cambiare l'attitudine della nostra mente nell'affrontare le attività quotidiane, passando dall'osservare e ragionare in termini di *problemi* a un osservare e ragionare in termini di *soluzioni*.

Dopo aver trovato tutte queste soluzioni (valide o strampalate che siano) occorre stabilire un elenco di azioni semplici e attuabili in ordine cronologico che derivino dalle decisioni e riflessioni precedenti. Tali azioni, attuate in sequenza, porteranno piano piano a uscire dalla propria condizione di pericolo o di emergenza finanziaria.

Decidere quale produzione si può scambiare con l'ambiente economico in cui si vive e si opera

In base a ciò che è saltato fuori dall'esame della nostra condizione, ora saremo in grado di comprendere se dobbiamo cambiare il lavoro che abbiamo (nel caso in cui quello che abbiamo non ci stia fornendo sufficienti guadagni ed entrate) oppure se dobbiamo solo risolvere degli aspetti del nostro lavoro per portarlo a una produzione sufficientemente abbondante. Le domande che ci dobbiamo porre sono le seguenti:

- Cosa so fare?
- Quali sono i prodotti che posso offrire sul mercato in termini di beni, semilavorati, prestazioni o servizi?
- Quali sono gli individui, le società o le organizzazioni che hanno potenzialmente necessità di ciò che posso/riesco a produrre? Quali sono i margini di incremento della mia professionalità per aumentare la qualità dei miei prodotti?
- Quanto mi costerebbe in termini di tempo e denaro questo incremento di qualità?
- È un investimento bilanciato dai vantaggi che ne posso conseguire?
- È sostenibile?
- Quali sono le tipologie dei prodotti (beni o servizi) maggiormente richieste nella mia area?
- C'è qualche attinenza fra i mercati in fase matura (che vanno per la maggiore) e le mie capacità professionali e produttive?

- È ipotizzabile la nascita della domanda di un bene o servizio che io posso prepararmi a offrire con tempi e costi ragionevoli?

Provvedere alla promozione della propria persona (o della propria professionalità) oppure di una potenziale produzione o prodotto

Questa sembra essere una delle parti più facili e immediate ma è laddove fallisce la maggior parte delle persone e delle imprese. Non basta che un prodotto o servizio sia valido o di qualità! Occorre anche che chi potenzialmente potrebbe essere interessato a ciò che offriamo sappia della nostra presenza, della nostra professionalità o dei nostri prodotti.

Promuovere è qualcosa che ha a che fare con il collegarsi con il mondo che ci circonda. Inviare curricula a degli indirizzi di posta elettronica trovati nelle inserzioni di chi cerca collaboratori non è un buon modo per essere *collegati* con il mondo. Non è dannoso, ma la sua efficienza è minima, soprattutto in un momento in cui spedire un'email è diventata un'azione immediata e di nessuno sforzo e quindi alla portata di tutti. Occorre anche ricordare che il livello qualitativo della capacità di gestire le comunicazioni delle persone e/o organizzazioni al giorno d'oggi è incredibilmente inefficiente. E lo è tanto più da quando sono aumentati gli strumenti moderni (Internet, TV, cellulari, smartphone ecc.) che moltiplicano le possibilità di comunicazione.

SEGRETO n. 33: la promozione della propria persona, dei propri prodotti o professionalità è talmente importante per ottenere un mutamento della scena, che necessita di uno studio più approfondito.

Questo gradino del piano d'azione finanziario è talmente importante e basilare che merita di essere approfondito con un esame e studio specifico. Qui lo abbiamo citato per una questione di informazione. Occorre ricordare, inoltre, che l'atto di promuovere qualcosa non funzionerà se prima non verranno svolti i gradini precedentemente esposti.

Stilare un elenco di azioni semplici e attuabili attingendo alle decisioni e alle riflessioni dei precedenti gradini

Prendiamo tutte le riflessioni, le decisioni, gli atteggiamenti, le azioni e i pensieri elaborati fino a questo punto e tramutiamoli in una serie di azioni semplici. Un'azione semplice è quella che non ha bisogno di altri dettagli o indicazioni specifiche per essere compiuta. Ad esempio, l'incontro con una persona per un colloquio di lavoro è composto da più azioni semplici (in questo caso tre): trovare il numero di telefono, fare la chiamata e fissare l'appuntamento, recarsi all'appuntamento.

Preparare un calendario delle azioni da realizzare

Occorre adesso prendere tutte le azioni (le singole azioni, ognuna autonoma per conto suo) stilate secondo un ordine logico e collocarle in un'agenda (elettronica o cartacea che sia) secondo un ordine cronologico. Da questo momento in poi, ogni settimana non dovremo fare altro che prendere le cose che dobbiamo fare nel piano d'azione finanziario, appuntarle nella nostra agenda o promemoria e farle.

Esempi di applicazione dello schema del piano d'azione finanziario

Questo è lo schema generale che si deve seguire per creare un piano d'azione finanziario completo. Adesso, partendo dalle situazioni tipo che abbiamo delineato, proveremo a esporre dettagliatamente questo schema.

1° caso

Individuo che lavorava ma che ha perso il lavoro e non riesce a trovarne uno nuovo, con grandi difficoltà finanziarie (nome della persona: Mario Rossi).

1. *Delineare la situazione nei suoi termini generali per iscritto (definire lo stato operativo).* Mario ha lavorato per molti anni presso la ditta "La Calza" che produceva filati, calze e altri indumenti intimi. La ditta lo licenzia per mancanza di lavoro. Mario, dopo aver dedicato molto tempo ad apprendere il know-how (sapere come si lavora e come si fa una cosa), ha perso il suo lavoro. Quindi si trova in una condizione di estremo pericolo perché non ha una fonte di entrate su cui contare. È come un'automobile a cui è finita la benzina. Attualmente ha una famiglia da mantenere e un tot di spese non eliminabili da sostenere tra cui affitto, spese, utenze varie, scuola dei figli ecc. La ditta per cui lavorava è andata in crisi perché non vendeva e ha ridotto il personale, tra cui lui stesso. La sua professione è molto specializzata e in zona non vi sono

altre fabbriche che assumono (in un caso reale si potrebbe andare molto più a fondo nell'analisi).

2. *Trovare le cause fondamentali della situazione riconducibili alla propria sfera di responsabilità.* Apparentemente, Mario non sembra essere minimamente responsabile della perdita del suo lavoro in quanto imputabile alla crisi di mercato dell'azienda in cui lavorava. Ma un primo evidente fattore di responsabilità di Mario è quello di non avere altre professionalità da mettere sul mercato. Per di più Mario punta a ritornare a lavorare presso la ditta per cui lavorava operando tramite l'associazione sindacale locale. Questi due punti sono il "lato debole" della situazione di Mario. In primo luogo è sempre una debolezza non avere un mestiere di riserva o un mestiere alternativo che si possa imparare in fretta. In secondo luogo, attendere che la sua ex ditta lo reintegri, pone Mario in una condizione di attesa e questa è una posizione debole. D'altronde è probabile che Mario, come altri operai, avesse avuto la possibilità di osservare molti indicatori che potevano far presagire un momento di difficoltà per l'azienda e/o il suo mercato. Tra le due cause identificate nella sfera di responsabilità di Mario, una agisce nel presente (l'attesa di

essere riassunto) mantenendolo in una condizione debole di attesa, mentre l'altra è la causa che lo ha lasciato senza un lavoro alternativo quando è stato licenziato.

3. *Identificare i fattori avversi presenti sulla scena attuale.* I fattori avversi sono dovuti alla necessità di procacciare sopravvivenza spicciola per sé e per la propria famiglia (riparo, cibo e spese di prima necessità). Abbiamo quindi il fattore tempo, il morale proprio e dei familiari, la stagnazione del tipo di produzione dell'ex ditta di Mario nella sua zona abitativa, la pressione delle ditte di recupero crediti, la disapprovazione dei familiari.
4. *Stabilire le proprie mete a breve, medio e lungo raggio.* Mario vorrebbe permettere ai suoi due figli di andare all'università e aiutarli a farsi una famiglia. Nel breve periodo vorrebbe cercare di comprarsi una casa e permettersi un livello di benessere maggiore. Nell'immediato vuole solo avere un lavoro onesto.
5. *Stabilire quali sono le risorse a propria disposizione.* Le risorse di Mario sono il lavoro che sa fare. È un operaio specializzato, e questa è una risorsa. Inoltre può contare su alcuni parenti che potrebbero prestargli dei soldi (anche se

l'orgoglio gli impedisce di rivolgersi a loro). Infine, Mario sa parlare l'inglese perché è nato all'estero e ha vissuto in Inghilterra per alcuni anni.

6. *Riorganizzare la propria gestione finanziaria.* Mario prepara l'elenco delle spese medie mensili e un elenco dei debiti catalogati per tempo.
7. *Bloccare l'esistenza dei fattori (precedentemente identificati) che hanno generato l'attuale situazione di dissesto finanziario.* Mario deve smettere di rimanere in attesa affidandosi esclusivamente alla lotta sindacale. Pur mantenendo aperto il supporto del proprio gruppo sindacale, deve preparare un piano di promozione della propria professionalità. Sapendo parlare l'inglese, Mario dovrebbe procurarsi degli indirizzi di quelle imprese che cercano la sua professionalità, in qualunque parte del mondo, senza preclusioni. Dovrebbe inoltre cercare di crearsi una nuova professione mettendo a frutto la sua capacità (anche se non curata) di parlare inglese.
8. *Compilare per iscritto il piano d'azione finanziario, identificando una strategia generale per la soluzione.* La strategia del piano d'azione di Mario verterà quindi sul cercare lavoro lontano da casa. Questo comporterà dei sacrifici ma

sembra l'unico approccio valido per essere causativi sulla situazione, mentre si cerca di creare una nuova professione.

9. *Continuare a scrivere il piano d'azione finanziario stilando, uno di fianco all'altro, problemi e soluzioni.* Mario compila il piano d'azione finanziario elencando tutte le situazioni pericolose e affiancandole con varie soluzioni, finché non ha l'idea di avere un certo controllo sull'intera situazione.
10. *Decidere quale produzione si può scambiare con l'ambiente economico in cui si vive e si opera.* Su questo punto si è già deciso: cercare un posto di lavoro in cui sviluppare la propria professionalità di operaio specializzato, in attesa del miglioramento della propria capacità di parlare inglese e svolgere, ad esempio, il lavoro di traduttore o di interprete.
11. *Provvedere alla promozione della propria persona (o della propria professionalità) oppure di una potenziale produzione o prodotto.* Mario deve stilare un elenco di aziende del suo territorio che potrebbero essere interessate a sfruttare la sua professionalità. Deve entrare in contatto con queste aziende e promuovere la sua professionalità (non importa con quale mezzo).
12. *Stilare un elenco di azioni semplici e attuabili attingendo alle*

decisioni e riflessioni dei precedenti gradini. Mario tramuta tutte le riflessioni dei punti precedenti in un elenco di azioni volte a risolvere ciascuna situazione. Le organizza per argomenti: soldi, famiglia, preparazione, promozione ecc.

13. *Preparare un calendario delle azioni da realizzare.* Mario mette tutte le singole azioni in un'agenda. E ogni settimana spunta le azioni fatte.

Man mano che Mario Rossi andrà attraverso la realizzazione del suo piano finanziario, alcune cose del suo ambiente cambieranno. Se non dovessero farlo, ne consegue che ha individuato le cause sbagliate per spiegare la sua situazione. Oppure le azioni di promozione e il procurarsi un nuovo lavoro non vengono condotte con l'energia e la velocità necessarie. Ricordiamoci la massima che recita: «È inutile fare le cose giuste alla velocità sbagliata».

2° caso

Individuo che in passato ha contratto vari prestiti personali da banche o finanziarie e che, per motivi vari, non riesce più a ripagare (nome della persona: Giorgio Bianchi).

1. *Delineare la situazione, nei suoi termini generali, per iscritto*

(definire lo stato operativo). Giorgio ha una situazione di "troppe uscite rispetto alle entrate". Probabilmente quando ha contratto i prestiti era in grado di ripagare quanto preso, ma ci sono alte probabilità che quei prestiti siano stati contratti con leggerezza e, ancora più probabilmente, per sostenere spese che non erano necessarie ma altamente voluttuarie (un'auto nuova che sognava da tempo, un viaggio ecc.). Giorgio è stato segnalato come "cattivo pagatore" e non riesce più ad accedere a nuovi crediti. È in ansia perché gli uffici di recupero crediti lo tartassano e lo trattano un po' male. La sua è una condizione di emergenza.

2. *Trovare le cause fondamentali della situazione riconducibili alla propria sfera di responsabilità.* Giorgio non ha una pianificazione finanziaria attuale né l'ha avuta in passato. Non spendeva in base alla disponibilità ma in base all'impulso del momento o alle richieste della famiglia. La causa della sua situazione è quindi la mancanza del concetto di pianificazione finanziaria in cui ogni mese vengono messi (accantonati) i soldi necessari alle spese e, tra questi, i soldi per gli acquisti o per i prestiti. Il fatto che le spese siano salite (affitto, carburante, utenze ecc.) comporta che gli stessi incassi di

prima non siano più sufficienti per i pagamenti da sostenere. E questo è un indicatore di quanto minima o inesistente fosse la sua pianificazione finanziaria.

3. *Identificare i fattori avversi presenti sulla scena attuale.* I fattori avversi sono i problemi che deriveranno dall'essere diventati cattivi pagatori. Aspetto che si paga soprattutto in termini di tempo (occorrerà aspettare degli anni perché la nostra storia creditizia si ripulisca). Poi ci sono i costi a livello di interessi e more relativi ai ritardi di pagamento. Se non si provvede a ripagare quanto dovuto in tempi rapidi, si aggiungono anche problemi legati al recupero coatto delle somme tramite sentenze del giudice.
4. *Stabilire le proprie mete a breve, medio e lungo raggio.* Giorgio decide che vuole condurre una vita più sana da un punto di vista dell'equilibrio etico, meno consumismo e più spazio a se stesso. Parla di questo con la moglie e la famiglia.
5. *Stabilire quali sono le risorse a propria disposizione.* Giorgio ha un buon lavoro ma non è sufficiente per avere delle entrate extra che permetterebbero una gestione più facile delle finanze. Parla con la moglie e stabilisce che lei potrebbe, organizzandosi, trovare un nuovo lavoro. Oppure può essere lo

stesso Giorgio a trovare delle entrate extra insegnando ballo la sera, sua grande passione. Giorgio inoltre è bravo nel suo lavoro e potrebbe ottenere dei bonus di produzione.

6. *Riorganizzare la propria gestione finanziaria.* Giorgio prepara l'elenco delle spese medie mensili e un elenco dei debiti catalogati per tempo.
7. *Bloccare l'esistenza dei fattori (precedentemente identificati) che hanno generato l'attuale situazione di dissesto finanziario.* Giorgio smette di spendere senza aver prima pianificato le spese. Applica la massima secondo cui si spende una volta al mese, dopo aver deciso come vanno usati i soldi, e non tutti i giorni. Se un mese serve qualcosa che non era previsto, si rimanda la spesa al mese successivo.
8. *Compilare per iscritto il piano d'azione finanziario, identificando una strategia generale per la soluzione.* La strategia di Giorgio consiste nel comunicare con le banche e le finanziarie e rendere loro noto che, in un tempo stabilito, provvederà a sistemare la sua situazione, ma che non tollera pressioni continue da parte loro. Comunica che sta attuando un piano di risanamento.
9. *Continuare a scrivere il piano d'azione finanziario, stilando*

uno di fianco all'altro problemi e soluzioni. Giorgio mette per iscritto le sue soluzioni.

10. *Decidere quale produzione si può scambiare con l'ambiente economico in cui si vive e si opera.* Giorgio continua con il suo lavoro.
11. *Provvedere alla promozione della propria persona (o della propria professionalità) oppure di una potenziale produzione o prodotto.* Giorgio lavora per mettere in risalto il suo contributo e la sua persona nella ditta in cui lavora.
12. *Stilare un elenco di azioni semplici e attuabili attingendo alle decisioni e riflessioni dei precedenti gradini.* Giorgio elenca tutte le azioni.
13. *Preparare un calendario delle azioni da realizzare.* Giorgio appunta sul proprio calendario le azioni da fare.

3° caso

Individuo che, dopo aver aperto un'attività imprenditoriale assumendo varie persone, per crisi generale di mercato o per scelte imprenditoriali sbagliate, non è riuscito a sottrarsi a un crollo o a un fallimento (nome della persona: Sandro Neri).

1. *Delineare la situazione nei suoi termini generali per iscritto*

(definire lo stato operativo). Sandro ha una piccola impresa edile con una quindicina di dipendenti. Negli anni passati c'era lavoro in abbondanza e Sandro ha investito parecchi capitali. Le banche lo chiamavano per offrirgli continue linee di credito e per assisterlo nei suoi leasing. Adesso il mercato si è fermato e Sandro non riesce a rimborsare i prestiti contratti, non riesce a garantire ai suoi dipendenti (comunque ridotti a sole 8 unità) un lavoro continuativo e non riesce a sfruttare tutti i macchinari che ha acquistato negli scorsi anni. Le tasse si accumulano e le cartelle gli impediscono di partecipare a qualsiasi gara d'appalto e, con grande fatica, combatte ogni giorno per cercare di non far crollare tutto.

2. *Trovare le cause fondamentali della situazione riconducibili alla propria sfera di responsabilità.* Sandro ha effettuato gli investimenti in un momento in cui le cose sembravano andare bene. Ma non ha mai fatto un'analisi del perché le cose andavano bene. Se lo avesse fatto, avrebbe scoperto che negli anni precedenti il lavoro non mancava per il semplice motivo che nella sua zona vi era, nel mercato immobiliare, una bolla speculativa. Le statistiche di produzione andavano su per motivi esterni all'azienda (c'era moltissima richiesta) e quindi

per ragioni non dovute a un'espansione programmata della stessa. La prova sta nel fatto che la crescita era incredibilmente forte nonostante la ditta di Sandro non avesse ideato una strategia di crescita o una campagna espansiva di marketing e promozione. Così come il carico di lavoro era deciso all'esterno, dall'esterno è arrivato il crollo della richiesta di lavoro. Le cause delle difficoltà economiche dell'azienda di Sandro sono quindi relative alla sua mancata pianificazione economica e alla scelta scorretta del momento in cui effettuare nuovi investimenti. Sandro ha assunto personale e acquistato macchinari sull'onda dell'emotività del momento. In particolare, il personale veniva assunto perché sembrava fossero necessarie nuove unità. Ma le nuove unità non producevano come avrebbero dovuto e potuto a causa dell'assenza di una corretta organizzazione sottostante. In pratica, ogni nuovo assunto comportava un costo in più senza offrire un rendimento più che proporzionale. Inoltre, Sandro ha spesso accettato le linee di credito delle banche senza effettivamente avere la certezza che quei finanziamenti fossero necessari. E quando le linee di credito c'erano, non è mai stata fatta una ferrea pianificazione aziendale. Da ultimo (ma non per importanza), Sandro non ha mai svolto un servizio di certificazione della qualità dei lavori e della soddisfazione dei clienti che mettesse in atto un processo di distinzione qualitativa della sua impresa. Non c'è mai stato vero marketing né reale promozione e non sono stati aperti nuovi mercati quando le cose andavano bene. Ciò ha esposto l'azienda a un'eccessiva dipendenza dal mercato locale. Riassumendo, diciamo che Sandro non ha mai veramente creato un'organizzazione efficiente né una pianificazione della sua attività. E quando il mercato è crollato, era completamente impreparato a mettere in atto soluzioni alternative.

3. *Identificare i fattori avversi presenti sulla scena attuale.* I fattori sono le remunerazioni dei dipendenti da pagare (responsabilità umana nei confronti loro e della loro famiglia), le banche che richiedono il rientro dei fidi, enti fiscali che mandano cartelle di pagamento, il pericolo di fallimento, la mancanza di liquidità, la mancanza di nuovi appalti all'orizzonte.
4. *Stabilire le proprie mete a breve, medio e lungo raggio.* Sandro stabilisce che vuole trasformare la sua azienda nell'impresa edile più sana e virtuosa della sua regione. Nel

breve periodo, quindi, vuole risanare i bilanci della ditta e riassumere personale.

5. *Stabilire quali sono le risorse a nostra disposizione.* Le risorse di Sandro sono tutti i materiali, i macchinari e le attrezzature in suo possesso; il suo know-how e le capacità delle sue maestranze; la sua produzione passata che potrebbe comunque essere un biglietto di presentazione con una nuova banca per eventuali nuove richieste di finanziamento.
6. *Riorganizzare la propria gestione finanziaria.* Sandro rivede tutta l'organizzazione finanziaria personale e della ditta. Per prima cosa comincia a separare le due gestioni. Stila l'elenco delle spese fisse e variabili della ditta e lo stesso fa con le proprie spese personali.
7. *Bloccare l'esistenza dei fattori (precedentemente identificati) che hanno generato l'attuale situazione di dissesto finanziario.* Sandro deve evitare di inserirsi nel mercato alla cieca. Deve smettere di operare senza una completa riorganizzazione dell'organigramma aziendale che consisterà nell'assegnare ai suoi dipendenti un'esatta mansione, un esatto prodotto da ottenere con relativa statistica produttiva allegata e l'esatta relazione con la produzione complessiva. Siccome una delle

azioni che ha condotto a questa condizione è l'assenza di promozione e marketing, Sandro dovrà preparare un piano di marketing e promuovere a più non posso per procurarsi il maggior numero di lavori.

8. *Compilare per iscritto il proprio piano d'azione finanziario, identificando una strategia generale per la soluzione.* La nuova strategia consisterà del creare un gruppo aziendale unito in cui ogni dipendente si senta parte di un progetto. Occorre quindi avviare un sistema di premi e incentivi al raggiungimento degli obiettivi di produzione. Ma anche di penalizzazioni nel caso di gravi inadempienze.
9. *Continuare a scrivere il piano d'azione finanziario, stilando uno di fianco all'altro problemi e soluzioni.* Sandro, in collaborazione con un consulente aziendale, compila un piano d'azione aziendale (simile a quello personale) e, da questo, un piano d'azione finanziario.
10. *Decidere quale produzione si può scambiare con l'ambiente economico in cui si vive e si opera.* Dopo un breve sondaggio nella sua regione, Sandro identifica quali tipi di servizi edili sono richiesti e prepara una serie di servizi professionali e moderni da promuovere. Cerca in questo modo di

modernizzare la qualità del servizio (non la tecnologia di partenza) della sua impresa.

11. *Provvedere alla promozione della propria persona (o della propria professionalità) oppure di una potenziale produzione o prodotto.* In primo luogo, Sandro ottiene l'appoggio di qualche struttura bancaria promuovendo i propri lavori passati e condividendo la nuova riorganizzazione aziendale in corso. Al pubblico promuove i suoi nuovi servizi e offre ciò che il pubblico richiede. Usa vari canali pubblicitari e non bada al fatto che, per farlo, si indebita ancora un poco, perché questo indebitamento gli porterà nuovi lavori.
12. *Stilare un elenco di azioni semplici e attuabili attingendo alle decisioni e riflessioni dei precedenti gradini.* Sandro prende tutto l'elenco di cose da fare e ne traccia degli obiettivi e delle sotto-azioni semplici.
13. *Preparare un calendario delle azioni da realizzare.* Sandro delinea le tempistiche delle azioni del punto 12.

4° caso

Individuo che vive in un ambiente privo di occasioni arrangiandosi lavoricchiando qua e là alla giornata ma senza una vera prospettiva futura (nome della persona: Dino Verdi).

1. *Delineare la situazione nei suoi termini generali per iscritto (definire lo stato operativo).* La condizione di Dino è in realtà a un livello inferiore rispetto a una semplice condizione di emergenza. Da un punto di vista logico, si può avere un'emergenza solo se qualcosa ha avuto una produzione recente che è poi crollata o ha avuto una flessione. Quando qualcosa proprio non esiste, occorre partire da zero, mettendo in atto delle azioni completamente diverse. Di base Dino sta agendo senza aver veramente compreso appieno il contesto operativo (l'ambiente umano, economico e infrastrutturale del posto in cui vive) che lo circonda. Quindi dovrà partire da questo punto, possibilmente azzerando mentalmente tutte le sue convinzioni e idee. Tali convinzioni sono palesemente errate perché sono pienamente responsabili della condizione di Dino.
2. *Trovare le cause fondamentali della situazione riconducibili alla propria sfera di responsabilità.* A prima vista, in questo caso si potrebbe pensare che le cause della situazione siano innumerevoli e tutte di uguale portata. Ma rimaniamo solo nella sfera delle responsabilità di Dino e cerchiamo di andare

alla base. Dino non ha una professionalità. Una qualsiasi. Dino sa arrangiarsi nel fare varie cose, ma in nessuna eccelle e in nessuna può dire di essere uno specialista. Non è un problema di titoli di studio o di certificati. Dino opera con il punto di vista che qualcuno o qualcosa di esterno a lui (lo Stato, il mercato, la società ecc.) gli debba in un qualche modo creare delle occasioni di lavoro. Va in giro e cerca lavoro, senza avere invece il punto di vista di offrire qualcosa. La vera causa della condizione di Dino è quindi il suo punto di vista passivo sulle cose. Dino aspetta. Forse il suo ambiente non offre delle valide occasioni, ma questa non è una giustificazione. Potrebbe anche considerare la necessità di andare a cercare lavoro da qualche altra parte.

3. *Identificare i fattori avversi presenti sulla scena attuale.* I fattori avversi sono: un ambiente non propizio per le occasioni lavorative e abbastanza statico nello sviluppo, una condizione personale demotivata che potrebbe predisporlo a una pessima evoluzione personale e/o familiare, l'incapacità di programmare il proprio futuro, la difficoltà continua ad arrivare a fine mese, le difficoltà oggettive nel crearsi una nuova professionalità mancando strutture pubbliche che si

occupino di formazione.

4. *Stabilire le proprie mete a breve, medio e lungo raggio.* Questo punto è particolarmente importante per Dino. Qui non possiamo che immaginare una situazione generica, ma è proprio dalle decisioni di cosa vorrà fare da grande, piuttosto che dal semplice preoccuparsi di che lavoro riuscirà a trovare nei prossimi mesi, che nella vita di Dino ci potrebbe essere un cambiamento in meglio.
5. *Stabilire quali sono le risorse a nostra disposizione.* Dino non ha molte risorse a sua disposizione. Ha fatto il manovale e l'uomo di fatica per qualcuno, ma non ha soldi da parte, non ha un'istruzione universitaria né specialistica in qualche ambito. Forse potrebbe, se avesse un progetto valido e apprezzabile, una volta che lo ha fatto conoscere, effettuare una colletta fra amici e familiari per finanziarie la propria formazione.
6. *Riorganizzare la propria gestione finanziaria.* Sembrerebbe che una persona che non ha molte entrate sia dispensata dal tenere o riorganizzare la propria gestione finanziaria, proprio perché non ci sono soldi. Invece è proprio quando non c'è acqua che, con maggiore attenzione, vanno predisposti i

metodi per raccoglierla, conservarla e spostarla. Quindi Dino deve vedere quali costi sostiene ogni mese (lui e famiglia, se questa dipende da lui) e di quali entrate ha bisogno periodicamente.

7. *Bloccare l'esistenza dei fattori (precedentemente identificati) che hanno generato l'attuale situazione di dissesto finanziario.* A questo punto Dino dovrebbe aver chiaro cosa vorrebbe fare da grande (se non lo ha deciso, è inutile che arrivi fino a questo punto!) e dovrebbe aver compreso che non deve stare ad aspettare, ma cambiare radicalmente atteggiamento. Forse avrà identificato una professione che valga la pena di coltivare oppure un'area in cui spostarsi che può offrire maggiori occasioni di lavoro per uno come lui.
8. *Compilare per iscritto il proprio piano d'azione finanziario, identificando una strategia generale per la soluzione.* La strategia è quella di passare dal cercare ciò che offre il mercato a essere noi stessi a offrire qualcosa (professionalità, esperienza, abilità e talento personale) che il mercato possa ricevere (sia che lo ricerchi attivamente o meno).
9. *Continuare a scrivere il piano d'azione finanziario, stilando uno di fianco all'altro problemi e soluzioni.* Dino prende un

quaderno e comincia a scrivere nero su bianco le possibili soluzioni rispetto ai suoi problemi.

10. *Decidere quale produzione si può scambiare con l'ambiente economico in cui si vive e si opera.* Questo tipo di decisione è stata già presa. A questo punto, se Dino non è ancora in grado di ricoprire una mansione precisa, potrebbe cercare un'azienda che gli insegni il lavoro, oppure una struttura dove imparare una professione tramite un corso di formazione. Ovviamente sarà un periodo in cui Dino non guadagnerà e, in questo lasso di tempo, dovrà trovare qualche soluzione particolare per ovviare alle necessità finanziarie, che non possono essere ignorate. Una soluzione potrebbe essere proprio chiedere il sostegno di tutti coloro che lo conoscono. Un progetto esposto con cura e dovizia di particolari otterrà sicuramente l'attenzione dei suoi conoscenti proprio per la sua serietà e per la sua concretezza. Non si tratta solo di buone intenzioni né di chiedere dei soldi per tirare a campare. Questa differenza ha il suo peso nel chiedere un sostegno ad amici e conoscenti.
11. *Provvedere alla promozione della propria persona (o della propria professionalità) oppure di una potenziale produzione o prodotto.* Forse ci vorrà del tempo (in realtà tirare a campare

sperando che qualcosa cambi spesso ci "ruba" molti più anni) ma prima o poi ci troveremo nella condizione di avere qualcosa da offrire al mercato. Si potrebbe anche cominciare a promuovere (e questa è una soluzione più lungimirante) prima ancora di avere completato un qualsiasi periodo di esperienza o formazione. Perché le risposte a un'azione promozionale comportano sempre un certo ritardo fra l'impulso emesso e il ritorno di interessamento di qualcuno.

12. *Stilare un elenco di azioni semplici e attuabili attingendo alle decisioni e riflessioni dei precedenti gradini.* Dino elenca tutte le azioni.
13. *Preparare un calendario delle azioni da realizzare.* Dino prepara sul una sua agenda le date di realizzazione delle azioni programmate.

Questi esempi, ovviamente, sono didattici. Ma ritenevamo necessario dare degli esempi concreti per far comprendere meglio quale fosse lo schema di applicazione dei vari passi del piano d'azione finanziario.

RIEPILOGO DEL CAPITOLO 4:

- SEGRETO n. 29: tenere a mente in modo indistinto le conseguenze delle nostre azioni, o i vari aspetti dei nostri problemi è di pochissima utilità e aumenta la pressione (stress) di questa massa di pensieri sulla nostra lucidità e serenità.
- SEGRETO n. 30: stabilire con esattezza quali sono le mete della nostra vita e gli obiettivi minori ci permette di trovare ed elaborare con più facilità le soluzioni ai nostri problemi o difficoltà.
- SEGRETO n. 31: per avere le proprie finanze sotto controllo, occorre dividere tutti i costi e le spese in una stessa unità di tempo (la settimana o il mese), ripartendo le spese annuali o semestrali in quote pertinenti all'unità scelta.
- SEGRETO n. 32: occorre cambiare l'attitudine della nostra mente nell'affrontare le attività quotidiane, passando dall'osservare e ragionare in termini di *problemi* a un osservare e ragionare in termini di *soluzioni*.
- SEGRETO n. 33: la promozione della propria persona, dei propri prodotti o professionalità è talmente importante per ottenere un mutamento della scena, che necessita di uno studio più approfondito.

CAPITOLO 5:

Come evitare che la situazione si presenti nuovamente

Dopo aver predisposto un piano d'azione finanziario e aver cominciato a eseguirlo (ci raccomandiamo di iniziare il prima possibile, perché l'unica cosa che non si può sprecare è il proprio tempo), c'è un ultimo aspetto, non di minore importanza, da esaminare. Parliamo del non ricadere nuovamente in una situazione simile a quella da cui si sta cercando di uscire.

Può sembrare grottesco, ma rialzare la testa, affrontare i problemi e cominciare a risolverli non è la parte più difficile del lavoro. Non che sia proprio come fare una passeggiata nel parco. Sovente bisogna impegnarsi e sudare non solo sette, ma più di cento camicie. Eppure, sebbene a un primo esame questa parte possa apparire un ostacolo insormontabile, è proprio quando la "pressione" del problema si allenta che occorre veramente usare tutte le nostre abilità.

SEGRETO n. 34: uscire da una situazione difficile può richiedere impegno ma spinti dall'adrenalina ci si può riuscire. Lavorare per non ricadere in altre situazioni difficili simili richiede ben più impegno e capacità.

La nostra esperienza ci ha insegnato che molte persone, sollecitate da una condizione finanziaria o personale particolarmente grave, riescono, *in un modo o nell'altro*, a mettersi in azione e cercare di risolvere il problema. L'individuo, in generale, è dotato di capacità d'azione e di combattività. Quasi sempre ha una quantità di energia e di risorse mentali e spirituali più elevata di quanto a una prima analisi si potrebbe ipotizzare. È più frequente sottostimare la capacità di un individuo di fronteggiare le sue difficoltà piuttosto che sovrastimarla.

Così abbiamo visto persone arrivare nei nostri uffici, chiedere una consulenza, un aiuto, un finanziamento o quello che era e dimostrarsi veramente impegnate a risolvere la situazione. Ma abbiamo anche visto molte di queste persone lasciarsi andare nuovamente e smettere di essere determinate e attive, non appena l'urgenza del problema si alleviava. Magari perché semplicemente riuscivamo a ottenere un finanziamento che alleggeriva la loro posizione debitoria. Così, invece di cogliere la palla al balzo e usare questo primo miglioramento della condizione per operare con maggiore profondità il cambiamento la propria condizione, costoro tiravano i remi in barca pensando che le cose fossero più o meno risolte.

È pur vero che un creditore alla porta può indurre qualcuno a rendersi conto della gravità di una condizione finanziaria. Ma spesso il non avere un creditore alla porta che ci sollecita non basta a rendere la situazione meno grave. Semplicemente, è meno "rumorosa".

Quando si inizia a stare di fronte a un problema, questo inizia già da quel momento a essere meno "grave", se così possiamo dire. La cosa può sembrare ammantata di misticismo, ma risponde a una vera e propria legge della vita. La risoluzione di qualsiasi problema o difficoltà parte dal riuscire a non indietreggiare dinnanzi a esso.

SEGRETO n. 35: qualsiasi avversità, sembra più grande e

difficile proprio nella misura in cui viene nascosta alla vista o ignorata.

Quindi, quasi sempre le persone cominciano a sistemare i loro problemi ma non vanno in fondo a questo lavoro, interrompendo l'azione non appena le cose cominciano a migliorare. Possiamo schematizzare questa situazione isolando le 3 fasi con cui un problema o condizione deve essere affrontato:

1. *Analisi.* Il problema viene definito con esattezza e osservato nella sua completezza (e crudezza!). Viene stabilito un piano e delle azioni per risolverlo.
2. *Azione.* Si cerca di risolvere il problema e si cominciano ad attuare le soluzioni mese a punto in fase di analisi.
3. *Cambio di base operativa.* Si completa il proprio lavoro modificando radicalmente il modo di procedere perché, se ci riflettiamo bene, è stato proprio il nostro ultimo modo di procedere che ci ha portato nei guai.

SEGRETO n. 36: l'analisi di un problema passa attraverso tre fasi fondamentali: analisi, azione, cambio di base operativa.

Ad esempio, un'azienda che si ritrovi con un drastico calo del fatturato non può solo promuovere per ritornare a vendere di più, per quanto questa sia un'azione fondamentale che porterà molteplici benefici. C'è qualcosa di più strutturale o radicato nella sua organizzazione che ha permesso che ci verificasse quel calo. E se è successo una volta, può succedere una seconda. E spesso questo secondo calo è più grave del primo.

Per esemplificare ancora di più, ipotizziamo che il problema dell'azienda sia avere pochi clienti in un determinato periodo di tempo. A parte altri piccoli provvedimenti, l'azienda comincia a promuovere all'impazzata. Fa uno sforzo incredibile in termini di risorse strutturali e di investimenti e i clienti aumentano, assieme ai guadagni. Ma credendo che l'emergenza sia finita, l'azienda smette di promuovere all'impazzata. Risultato? Dopo un po' di tempo (non subito, perché per un po' l'azienda vivrà di rendita della promozione già effettuata), ci sarà nuovamente penuria di clienti.

Potrebbe anche capitare che l'azienda smetta di promuovere perché ha *troppi* clienti e non riesce a gestirli in un dato momento. E qui commette l'errore più comune in queste situazioni: diminuisce la promozione e la ricerca di nuovi clienti anziché aumentare la capacità di consegna secondo le nuove esigenze fino a riuscire a soddisfare tutti.

Per le aziende è organizzativamente e umanamente più facile diminuire il numero di richieste che gli piombano addosso piuttosto che incrementare la propria capacità di consegna. Perché consegnare di più significa trovare nuovo personale e addestrarlo rendendolo produttivo. Cose che quasi tutti gli imprenditori vi diranno che sono difficilissime, se non impossibili. Per alcuni, i fallimenti passati sono una sorta di *bibbia* che non può essere messa in discussione: costoro sanno che non ci sono in giro altre persone capaci.

Quindi ogni nuovo assunto creerà problemi e costi e non un aumento di produzione. E questo vale anche per i singoli. In genere i singoli professionisti rispondono a un aumento del loro lavoro con un aumento del loro impegno personale anziché con un aumento dell'efficienza e della capacità operativa della loro organizzazione.

La questione della formazione è diventata oggi *il problema* di questa società. In un tessuto economico sempre più specializzato e costellato di macchinari e sistemi di comunicazione complessi, è necessario come mai prima riuscire a stare al passo con le esigenze produttive e professionali. E ciò può avvenire solo con una costante formazione. Ciò vale per un'azienda, per i suoi dipendenti e i suoi manager, ma anche per il singolo individuo.

SEGRETO n. 37: nell'attuale società vi è l'assoluta esigenza per chiunque (sia i singoli individui sia le strutture aziendali) di continuare un'opera di formazione e aggiornamento.

Per citare un esempio reale, tempo fa un imprenditore che operava nel campo della nautica ci disse che preferiva guadagnare meno rifiutando molti lavori e tenendosi i soliti tre operai, piuttosto che dover stare dietro ai "disastri" che un nuovo assunto avrebbe causato. Probabilmente rifiutava centinaia di migliaia di euro di produzione in più, che gli avrebbero consentito di fare il salto di qualità passando da officina artigianale a cantiere nautico di prestigio. E questo pur continuando a lavorare una media di 10-12 ore al giorno per 7-8 mesi l'anno (festivi inclusi) a causa del sovraccarico di lavoro.

Questo capitolo ha un senso perché è probabile che il lettore cominci a vedere dei cambiamenti nella sua condizione solamente cominciando a mettere in pratica il suo piano d'azione finanziario. L'errore fatale che si potrebbe commettere in questa situazione è proprio quello di smettere di seguire la propria nuova direttiva di condotta.

Inoltre, dopo aver cominciato a mettere in pratica il piano d'azione finanziario, occorre realizzare che la "ristrutturazione" che abbiamo apportato alla nostra pianificazione finanziaria e alla nostra capacità di produrre reddito era basata su una certa condizione operativa. Il tempo passerà e le cose muteranno: le condizioni operative non sono immutabili. In questo universo niente riesce a rimanere stabile nel tempo. Anche le rocce più resistenti o le forme di energia più durature decadono.

SEGRETO n. 38: le condizioni operative di qualsiasi cosa non rimangono immutate nel tempo. Vi sono leggi della fisica che "spingono" qualsiasi struttura, organismo o entità a deteriorarsi. A meno che non si lavori incessantemente per ottenere il contrario.

Occorre quindi formulare un criterio con cui comprendere in anticipo quando si rischia di scendere di condizione e di vedere le cose peggiorare drasticamente. Perché all'orizzonte potrebbero apparire nuovi imprevisti e mandare all'aria quanto siamo riusciti a conquistare. È già successo e quindi potrebbe anche succedere di nuovo.

Il metodo principe per riuscire ad anticipare gli imprevisti, che proprio per la loro natura di "imprevedibilità" non è facile prevedere, è quello di creare intorno a sé una tale abbondanza di cose in modo che un eventuale attacco o perdita possa essere massimizzato il più possibile.

SEGRETO n. 39: il miglior metodo per rendere meno importanti e pericolosi gli imprevisti è dotarsi di una tale abbondanza di cose da minimizzare l'influenza di un attacco o di una perdita.

Questo è un traguardo abbastanza semplice e in apparenza banale, ma non sempre i segreti della vita sono racchiusi in formule complicate. È un po' come subire un furto o un disastro di origine naturale. Solo se ciò che perdiamo nell'evento imprevisto equivale a quasi tutti i nostri averi ne consegue una tragedia.

Per ottenere un'abbondanza delle proprie cose, in particolare del proprio lavoro e delle proprie entrate, occorre sicuramente avere sempre bene sotto controllo la propria pianificazione finanziaria. Un vecchio proverbio recita in modo molto laconico: «Sei ricco se spendi 19 scellini guadagnando una sterlina mentre sei povero se spendi 21 scellini sempre guadagnando una sterlina». Se specifichiamo che al tempo del proverbio una sterlina equivaleva a 20 scellini, abbiamo chiarito in modo completo il concetto esposto.

Ma oltre che tenere sotto controllo le spese, applicando il detto che si guadagna 24 ore su 24, 7 giorni su 7, 12 mesi all'anno, mentre si spende solamente in fase di gestione periodica delle proprie uscite, occorre ovviamente cercare di portarsi sempre più in alto con le proprie condizioni operative. E l'unica strada per fare questo è fare il proprio lavoro. Non esistono scorciatoie di sorta. Sicuramente se abbiamo scelto un lavoro che ci porta soddisfazione, che facciamo anche e soprattutto per il gusto di farlo, anziché solo per poter portare a casa dei soldi a fine mese, questa è una buona strada per portarsi molto lontano da nuove paludi e nuove cattive condizioni, personali e finanziarie.

Il modo per ottenere la sicurezza personale e finanziaria è quello di avere un'abbondanza di tutte le cose che servono per una vita piacevole e appagante. Non solo abbondanza di beni e di denaro (risorse), ma anche di fattori favorevoli a una buona sopravvivenza in termini di relazioni sociali. Parliamo quindi di abbondanza di benevolenza delle persone attorno a noi, di abbondanza di amicizie e conoscenze che ci fanno sentire importanti e protetti. Quando qualcuno aspira a posizioni sociali di rilievo, lo fa perché (inconsciamente o consciamente) sa che una posizione sociale di prestigio garantisce un potenziale di sopravvivenza maggiore. E non solo in termini di soldi e di guadagni.

Quando il membro di un gruppo ha qualcosa o può fare qualcosa di valore che può essere scambiato con il resto del gruppo, questo individuo si trova in una posizione in cui difficilmente scenderà in brutte condizioni personali e/o lavorative.

La vita, nella sua complessità, riserva sempre una molteplicità di imprevisti e di fattori casuali. Anche in natura, un qualsiasi organismo vivente o, persino, una qualsiasi razza animale o vegetale può essere spazzata via da un momento all'altro da un improvviso mutamento delle condizioni ambientali, quali violente manifestazioni atmosferiche o catastrofi naturali. I fattori contrari alla sopravvivenza di un organismo sono non numerabili e prevedibili e, di sicuro, ve ne sono in gran quantità. Anche quando quell'organismo vivente si chiama essere umano. E qui parliamo della sola sopravvivenza fisica dell'organismo, figuriamoci quando parliamo di benessere anche su un piano di soddisfazione personale e di emozioni positive, aspirazioni specifiche dell'essere umano che coinvolgono ancor più fattori difficilmente prevedibili.

Quindi, l'unica soluzione a lungo termine è produrre e procurarsi alleati e amici, ben oltre il limite che si ritiene necessario. Nella società odierna si può pensare che per sopravvivere bene possa bastare una certa cifra (anche se in realtà la cifra minima di sopravvivenza cambia da ceto sociale a ceto sociale). Ma, tralasciando a quanto esattamente questa cifra debba ammontare, questa sarebbe in ogni caso sottostimata, perché non tiene conto di fattori quasi sempre ignorati. Tra questi segnaliamo le risorse necessarie per la manutenzione degli strumenti e delle proprietà, le risorse da accantonare per i disastri naturali, le risorse necessarie per contrastare la naturale perdita di valore della moneta, le risorse necessarie per effettuare investimenti in nuovi fattori produttivi (nel caso del singolo individuo parleremmo di investire su se stesso) o le risorse da destinare a riserva per i momenti difficili.

Quindi il segreto per l'abbondanza è semplice. Si tratta di trovare qualcosa che possiamo scambiare e di cui continuare ad aumentare la produzione (migliorandone possibilmente la qualità) nel tempo, consapevoli che in natura niente dura per sempre e che, quanto prima, potrebbe essere necessario passare a una nuova produzione da scambiare.

Detto questo, non ci resta che augurarvi buon lavoro e buona produzione, con l'augurio che possiate raggiungere le mete che vi siete prefissi e conseguire un'abbondanza di tutto ciò che ritenete essere di valore.

SEGRETO n. 40: il modo per ottenere un'abbondanza di cose (risorse, benevolenza, contatti ecc.) è riuscire a produrre qualcosa di richiesto o utile, scambiandolo con l'ambiente esterno con un incremento continuo sia qualitativo che quantitativo di tale operazione.

RIEPILOGO DEL CAPITOLO 5:

- SEGRETO n. 34: uscire da una situazione difficile può richiedere impegno ma spinti dall'adrenalina ci si può riuscire. Lavorare per non ricadere in altre situazioni difficili simili richiede ben più impegno e capacità.
- SEGRETO n. 35: qualsiasi avversità, sembra più grande e difficile proprio nella misura in cui viene nascosta alla vista o ignorata.
- SEGRETO n. 36: l'analisi di un problema passa attraverso tre fasi fondamentali: analisi, azione, cambio di base operativa.
- SEGRETO n. 37: nell'attuale società vi è l'assoluta esigenza per chiunque (sia i singoli individui sia le strutture aziendali) di continuare un'opera di formazione e aggiornamento.
- SEGRETO n. 38: le condizioni operative di qualsiasi cosa non rimangono immutate nel tempo. Vi sono leggi della fisica che "spingono" qualsiasi struttura, organismo o entità a deteriorarsi. A meno che non si lavori incessantemente per ottenere il contrario.
- SEGRETO n. 39: il miglior metodo per rendere meno importanti e pericolosi gli imprevisti è dotarsi di una tale abbondanza di cose da minimizzare l'influenza di un attacco o di una perdita.

- SEGRETO n. 40: il modo per ottenere un'abbondanza di cose (risorse, benevolenza, contatti ecc.) è riuscire a produrre qualcosa di richiesto o utile, scambiandolo con l'ambiente esterno con un incremento continuo sia qualitativo che quantitativo di tale operazione.

Conclusione

Il nostro scopo è stato di condividere con voi l'esperienza maturata nel nostro lavoro, occupandoci di persone e aziende in difficoltà finanziarie. Abbiamo avuto modo di osservare molti casi e, da questa analisi, abbiamo cercato di estrapolare delle regole comuni da poter applicare al maggior numero possibile di casi.

La vita presenta moltissime situazioni con sfumature di particolari che rendono ogni caso unico e non perfettamente paragonabile a un altro. Nel consigliare qualcuno in merito alle sue difficoltà finanziarie, è duro dare dei consigli strettamente tecnici. I dissesti finanziari sono quasi sempre la conseguenza di gravi errori personali prima ancora che lavorativi. Ne consegue che è fondamentale per un individuo analizzare a fondo la propria condizione e avere una visione generale di se stesso, del suo lavoro e dei suoi problemi.

La speranza è di essere riusciti a trasmettere questo concetto. Viviamo in una società che fa del materialismo e del possesso la chiave per la felicità nella nostra vita quotidiana. Questa è una grande falsità, come anche il comune buon senso afferma. La felicità sta nell'avere delle mete e nel perseguirle con successo. Ma un diverso e opposto errore può essere commesso anche da chi sottovaluta l'importanza della sicurezza e stabilità finanziaria in una società, come quella moderna, che basa il suo funzionamento su questi parametri.

Come spesso succede, una buona soluzione si colloca in un punto intermedio fra questi atteggiamenti opposti e pariteticamente sbagliati. I sistemi di informazione e le pubblicità ci suggeriscono di continuo metodi, più o meno strampalati, per ottenere benessere e prosperità. Sempre più persone si rivolgono al gioco d'azzardo nella speranza che un colpo di fortuna risolva tutta una vita di difficoltà. Oppure viene promosso un numero sempre maggiore di metodi più o meno onesti per fare soldi.

Queste presunte soluzioni non hanno nessuna validità e, quando sembrano averla, sono solo illusioni di breve durata. Nella vita, per quanto alcuni individui sembrano dimostrare il contrario, non esistono tali tipi di scorciatoie. Soprattutto se pensiamo che il benessere personale si raggiunge anche con la soddisfazione del proprio lavoro e non solo con il guadagno che ne deriva.

In conclusione, vi esortiamo ad affrontare con forza i vostri problemi senza nascondere mai e poi mai la testa nella sabbia. La vita è vostra e nessuno potrà guidarla meglio di quanto possiate fare voi stessi. Nessuno potrà mai, tra l'altro, risolvere al posto vostro i problemi che vi si presentano. Proprio perché la vita è la vostra. E i problemi che incontrate sono parte integrante di questa sorta di gioco. Il nostro augurio è quindi che possiate *fiorire e prosperare* a vostro piacimento, raggiungendo gli obiettivi che vi siete posti.

Grazie mille per l'attenzione.

www.ingramcontent.com/pod-product-compliance
Ingram Content Group UK Ltd.
Pitfield, Milton Keynes, MK11 3LW, UK
UKHW022019190726
13853UKWH00005B/2014

9 788861 745032